버텨 줘서 고마워

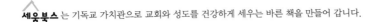
세움북스 는 기독교 가치관으로 교회와 성도를 건강하게 세우는 바른 책을 만들어 갑니다.

간증의
재발견
4

버텨 줘서 고마워

개척교회 엄마 목사의 칠전팔기 신앙 분투 이야기

초판 1쇄 인쇄 2023년 12월 20일
초판 1쇄 발행 2023년 12월 25일

지은이 | 한미연
펴낸이 | 강인구

펴낸곳 | 세움북스
등   록 | 제2014-000144호
주   소 | 서울시 종로구 대학로 19 한국기독교회관 1010호
전   화 | 02-3144-3500
이메일 | cdgn@daum.net

그   림 | 심효섭
디자인 | 참디자인

ISBN 979-11-985894-1-5 (03230)

이 도서는 시각장애인의 기독교 도서 보급을 위해 AL-소리도서관에 기증하여 데이지 파일로 제작됩니다.

간증의
재발견
4

버텨 줘서
고마워

한미연 지음

세움북스

서문

교회를 개척한 지 3년이 되어 갈 무렵, 목회에 대한 회의감이 찾아왔다. 개척 교회라 그런지 성도가 들어오고 나가기를 반복했다. 마음이 허전했다. 마치 밑 빠진 독에 물을 계속 붓고 있는 것 같았다. 그래서 새로운 비전과 열정을 달라고 주님께 기도드렸다. 그때 주님은 나에게 '다음 세대'와 '책'이라는 두 가지 비전을 주셨다.

다음 세대와 관련해서는 내가 할 수 있는 것부터 하자는 마음을 가지고서 청소년 대상으로 등굣길 전도를 시작했다. 그런데 책은 도무지 무엇을 어떻게 써야 할지 막막했다. 그래서 책을 출간해 주겠다는 출판사를 만나게 되면, 주님의 뜻인 줄 알고 그때 쓰겠다고 기도했다. 4개월 후, 평소 존경하는 목사님으로부터 전화가 왔다. 나의 간증을 혹시 책으로 낼 마음이 있으면, 세움북스 대표님에게 이야기해 주겠다고 하셨다. 나중에 알고 보니 페북 친구이기도 했던 강인구 대표님이 내 간증에 관심을 가지셨고, 마침 서로 잘 알고 지내던 목사님에게 연락을 드린 것이었다. 전화를 받고, 책을 쓰는 것이 정말 주님의 뜻이라는 생각이 들었다. 그래서 용기를 내어 책을 쓰게 되었다.

이 책은 나의 유튜브 채널 '개척교회tv'에 올렸던 '3분 간증'의 확장판이라고 할 수 있다. 교회를 개척하자마자 시작된 코로나19 팬데믹 속에서 나는 가나안 성도라도 전도해 보자는 마음으로 짧은 간증을 영상으로 제작하여 올리기 시작했다. 그런데 이 영상이 기독교 방송으로까지 연결되어 2021년에 "CBS 새롭게 하소서"와 C채널 "힐링토크 회복플러스"까지 출연하게 되었다. 특별히, "새롭게 하소서"를 녹화하던 날, 하나님은 나에게 또 하나의 놀라운 간증을 만들어 주셨다. 내가 15년 전에 기증했던 조혈모 세포 수혜자의 아버지 박보규 목사님과 기적적인 만남을 이루어 주신 것이다. 이 영상은 많은 사람들에게 살아 계신 하나님을 만나게 하는 통로가 되었고, 글을 쓰는 지금까지 조회 수가 196만 회에 이르게 되었다. 보통의 간증 영상의 조회 수가 20-30만 회인 점을 생각할 때, 놀라운 일이 아닐 수 없다.

그래서 그날의 감동과 더불어 방송에서 다 하지 못했던 간증을 책에 담았다. 또한 방송 후 교회와 개인, 가족에게 일어났던 다양한 사연도 담았다. 특히, 방송에서는 아버지가 금식 기도 후 받은 시험으로 인해 겪으신 불행한 결말로 이야기를 끝냈다. 하지만, 40년 만에 하나님이 아버지의 기도를 응답하신 감동적인 사연도 실었다.

나는 책을 쓰는 동안, 3분 간증 영상을 만들 때나 방송에 출연하여 간증을 나눌 때와는 또 다른 매우 의미 있는 시간을 보냈다. 어머니가 나를 임신하는 순간부터 내 뜻대로 살아지지 않았던 인생 속에서도 주님의 크신 뜻이 이루어지고 있음을 깨닫게 된 것이다. 그래서 이 은혜를 함께 나누고자 크게 네 개의 장으로 구성하여 글을 썼다.

먼저 1장 '왜 태어났니?'에서는 부모님 뜻대로 태어났지만, 부모님 뜻대로도 잘 살 수 없었던 슬픈 가족사를, 2장 '딸 바보 하늘 아빠'에서는 딸 바보 같은 하늘 아버지께 졸라서 내가 원하는 대로 살아 보려고 노력했던 시간을 썼다. 당장은 내 뜻대로 이루어지는 것 같아서 좋았지만, 결말까지 좋았던 것은 아니었음을 보게 될 것이다. 그리고 3장 '내 뜻대로 안 되어도'에서는 이혼의 문턱에서 회심하게 된 후, 이제는 내 뜻대로가 아닌 주님의 뜻대로 살고자 하면서 경험했던 은혜를 나누었고, 4장 '버텨 줘서 고마워!'에서는 목회자의 길을 가게 되면서 감당하기 버겁고 버티기 힘들었던 시간들 가운데 주님의 크신 뜻대로 이끄심을 믿고 걸어가는 나의 삶을 나누었다.

인생이라는 긴 여정 속에서 내 뜻대로 된다고 해서 다 좋은 것도 아니고, 내 뜻대로 안 된다고 해서 실망할 일도 아니다. 우리 그리스도인에게는 하나님 아버지가 계시기 때문이다. 우리를 향하신 주님의 크고 깊으신 뜻이 있음을 믿고 신뢰하며 나아간다면, 언젠가 이 책의 제목처럼 "버텨 줘서 고마워!"라는 하나님의 따스한 위로의 음성이 들릴 거라 믿는다. 그래서 부족하나마 이 책이 내 뜻대로 안 되는 인생 속에서, 버티기 힘든 일상을 살아가며 힘들어하는 분들에게 조금이나마 용기와 소망을 줄 수 있게 되기를 바란다.

추천사

한미연 목사님을 집사 시절부터 알고 있었던 터라, 신학을 하다가 나중에 개척을 한다는 소식을 멀리서 듣게 되었을 때 '좁고 험한 길을 나선 그 발걸음이 얼마나 복된 부르심인가!' 하는 생각을 했습니다. 그러나 그 복된 부르심을 살아 내고, 부르신 분의 선하심을 실제로 맛보며, '주의 이름으로 인해 겪는 고난이 진정 복되구나!' 하며 인정하기까지 얼마나 많은 눈물과 어려움이 있겠는가 하는 마음도 있었습니다. 이제 이렇게 한 목사님의 반평생의 삶과 신앙 그리고 교회 개척의 여정에서 만난 하나님의 이야기를 마주하니 얼마나 감사한지요.

주님께서 사랑하시는 딸의 하늘 아빠와의 소중한 삶의 이야기를 단숨에 읽어 가면서 너무 공감되어 웃었고, 울었으며, 함께 가슴 아파하면서, 내 일마냥 기뻤습니다. 담담하고 솔직하게 풀어낸 한 인생의 이야기 속에서 하나님께서 연출하시고 지휘하시는 천국의 리듬과 노랫가락을 듣습니다. 한 목사님의 간증은 여느 보통 사람들의 삶의 이야기와 너무 다르지 않아 오히려 진솔함과 따뜻함으로 다가옵니다. 또한 평범한 듯하면서도 결코 이 땅의 이야기가 아닌 하늘의 터치로 완성되어 가는 거룩한 태피스트리(tapestry)라 진한 감동을 남깁니다. 때마다 장면마다 세밀하고 완벽한 씨실과 날실로 아름다운 이야기 그림을 완성시키신 하나님 아버지의 놀랍고도 강력한 사랑의 메시지를 담고 있기 때문이지요.

하늘 아빠와 친밀한 대화를 하고 싶으나 어떻게 해야 할지 모르시는 분들, 매일 주님의 뜻을 분별하시고 순종하고 싶으신 분들, 분명 주님의 뜻인 것 같아 순종했지만, 시간이 가면서 그 길에 대해 의구심이 생긴 분들께 이 책을 추천합니다. 우리를 사랑하셔서 독생자 예수 그리스도를 아낌없이 주신 하늘 아버지께서 그분을 어린아이와 같은 순전한 마음으로 초청하는 자녀들과 언제든 소통하길 원하시고, 우리의 결정을 도우시고, 가장 선한 길로 인도하시며, 우리가 생각지도 못한 일을 우리의 작은 순종으로 이루시며, 끝까지 함께하신다는 약속을 반드시 지키신다는 이 모든 허다한 증거들을 이 책을 통해서 만날 수 있기 때문입니다.

‖ 김숙진 (한국 SIM 남아시아 선교사)

저자 한미연 목사님은 흔들릴 수밖에 없는 인생을 살았습니다. 개척을 하고도 흔들릴 수밖에 없었습니다. 그러나 어느 시점에서는 더 이상 흔들리지 않았습니다. 저자가 말하듯, '다음 세대'와 '책'이라는 두 키워드를 갖게 되었을 때였습니다. 좌로나 우로나 치우치지 않고 정진할 수 있었습니다. 고로, 더 이상 길을 잃지 않았습니다. 불꽃같이 몸이 아픈 상황 가운데서도 전도했습니다. 성도님들과 뜨겁게 기도회를 했습니다. 유튜브와 SNS에서도 활발하게 수많은 사람들에게 도전과 위로, 은혜를 나누어 주었습니다. 이제는 시대를 Leading하는 Leader 역할을 감당하고 있습니다.

어떻게 흔들릴 수밖에 없는 한 사람이 이렇게 강해지고, 영향력 있게 되었을까요? 상처, 우울, 고독, 아픔 가운데 어떻게 온전히 힘 있게 서 있을 수 있을까요? 책을 읽어 보면 그 해답을 얻을 수 있습니다.

인생 가운데 나만 안 되는 것 같고, 나만 고통당하는 것 같고, 나만 우울한 것 같다고 느끼는 자가 있다면, 이 책을 집어 들고 읽어 보십시오! 어느 시점에서, 더 이상 흔들리지 않도록 역사하시는 하나님의 임재와 충만을 직간접적으로 경험할 것입니다.

‖ 김영한 (품는교회 담임목사, Next 세대 Ministry 대표)

여느 때와 똑같은 주일 예배 시간, 나에게 선명한 음성이 내면 속에서부터 귓가로 울리는 듯 들렸습니다. "이 시대가 나를 믿지 않는다. 살아 계신 하나님을 전해라." 실눈을 뜨고 대표 기도하는 집사님의 목소리에도 아랑곳하지 않고, 보이는 곳에 들은 대로 옮겨 적었습니다. "살아 계신 하나님!" 이런 특별한 경험이 있고 난 며칠 후, 우연히 "CBS 새롭게 하소서" 작가와 연결되었습니다. 이후 내 인생의 의문 부호에 답을 얻을 수 있었습니다.

영웅이 엄마, 한미연 목사님! 이제 막 개척 교회를 시작한 풋내기 목사에게 닥친 원인 모를 고난의 가장 끝자락에서 영웅이 엄마를 만났습니다. 골수 이식만이 유일한 치료법이었던 아들 찬이의 마지막 희망, 여덟 번째 공여자는 영웅이 엄마, 한미연 목사님이었습니다. "새롭게 하소서"를 통해 찾게 되었지만, 이것은 철저한 하나님의 개입하심이라 고백합니다. 이렇게 찾게 된 우연 같은 필연의 과정을 책으로 만나게 된다고 하니 무척 기대되고 마음이 기쁩니다. 당시 개척 교회 목회자였던 우리 가정처럼 한미연 목사님을 만났을 당시, 목사님 또한 개척 교회 전도사였던 것은 더욱 놀라운 일이었습니다.

아들 찬이의 공여자는 누구일까? 막연히 기대하고 궁금했던 15년의 상상 속 영웅이 엄마는 놀랍게도 훌륭한 교회 개척자가 되어 있었습니다. 더욱이 신학 과정 속에서 박사 과정을 진행하고 있는 열정에도 감사하고 놀라웠습니다. 누구에게도 쉽지 않은 골수 기증은 육체적 고통이 따르고 가족들의 도움이 없이는 할 수 없는 큰 나눔입니다. 그 과정이 이 책 속에 소개되어 있어 저도 읽어 내려가며 세밀하고 섬세하신 하나님의 손길을 느낄 수 있었습니다. 마치 조각난 퍼즐이 맞춰지듯 결코 우연이 아닌 하나님의 큰 계획하심과 인도하심이 흥미진진하게 전개되어 있습니다.

하나님은 합력하여 선을 이루신다고 하셨는데, 저의 인생과 목회 여정에게 가장 고통스러운 시간 속에서 만난 한미연 목사님과 이야기가 목사님의 고백 속 한 페이지에 등장하게 되어 큰 영광입니다. 이 책이 보다 확신 있는 신자가 되길 소원하는 이들에게 좋은 증거가 되길 소망합니다.

‖ 박보규 **(청주상록수교회 담임목사)**

2012년도 1월에 제가 발표한 찬양 〈주가 일하시네〉 가사에 이런 고백이 있습니다.

"내 힘으로 안될 때 빈손으로 걸을 때
내가 고백해 여호와이레 주가 일 하시네 ♪"

주님께서 일하시기 가장 좋을 때는 바로 내 연약함이 드러나고 내 뜻대로 아무것도 안 될 때인 것을 경험하게 됩니다.

한미연 목사님의 책을 읽으면서, 우리 자신의 뜻대로 안 되어도 주님의 뜻이 더 아름다운 열매를 맺는다는 메시지를 확인할 수 있었습니다. 본인의 뜻보다 주님의 뜻이 완전하다 믿으며, 버티기 힘든 순간에도 그분의 인도하심을 따라 한 걸음 한 걸음 걸어가는 목사님의 빛나는 삶을 보게 됩니다.

다음 세대 사역을 잘 모르셨던 목사님께서 주님의 인도하심에 순종하며 믿음의 피벗(pivot)으로 다음 세대 청소년 청년들을 전도하고 품는 소중한 사역들을 감당하시는 모습을 보면서, 저 또한 다시 도전을 받고 모든 믿음의 동역자들에게 소개하고 싶은 주님의 스토리입니다. 오랜만에 깊은 감동과 주님의 마음을 체험하는 것 같았어요!

‖ 브라이언 킴 **(찬양 사역자, 대표곡 〈주가 일하시네〉, 소울브로즈(soulbros) 대표)**

이 책의 저자 한미연 목사는 신대원 시절 내게 설교학을 배운 제자 중 한 사람입니다. 지난 20여 년간 교수 사역을 하는 동안 여러 제자들이 학업을 마치고 졸업해서 학교를 떠나갔지만, 그 많은 제자들 중에서 기억에 남는 제자는 소수에 불과합니다. 그것도 여제자 중에서 인상 깊이 새겨진 사람은 극히 소수인데, 그중 한 사람이 한 목사입니다.

우선 그녀는 매우 성실한 학생이었습니다. 공부가 늘 상위권에 속했고, 친화력과 함께 언제나 긍정적인 마음의 소유자였습니다. 무엇보다 한 목사가 지닌 최대의 장점은 언제 봐도 늘 밝게 웃는 모습을 하고 있다는 점이었습니다. 때문에 모범적인 가정에서 믿음 좋은 부모님을 만나 넉넉한 환경 속에서 잘 자라온 모범생으로만 생각해 왔습니다만, 그녀가 쓴 책을 통해서 그 밝은 미소 뒤편에 숨겨져 있는 그늘을 처음으로 알게 되었습니다. '그런 배경을 진작에 알았더라면 더 세심하게 보살피고 힘이 되어 주었을 텐데…' 하는 아쉬움이 진하게 남습니다. 이 책을 통해 여전히 해맑은 웃음 뒤에 감추어진 그녀의 고난과 아픔과 시련의 스토리를 읽을 수 있었지만, 반면 그녀의 모든 일거수일투족을 지켜보시며 이끌어 가시는 하나님의 손길을 볼 수 있어서 든든하고 감사했습니다.

위대한 작품은 거저 쉽게 빚어지는 법이 없음을 성경과 현실 속 인물들을 통해서 잘 알고 있습니다. 한 목사를 빚어 가시는 하나님께서 이후에는 또 어떤 방법으로 이끄셔서 어떤 새롭고 놀라운 작품을 쓰게 하실지 궁금하기만 합니다. '왜 나만 겪는 고통이냐?'라고, '왜 나만 아는 아픔이냐?'라고, '왜 이 깊은 고난 속에서도 하나님은 침묵하시냐?'라고 불평하는 이가 있다면, 한 목사의 신간 『버텨 줘서 고마워』를 꼭 일독하기 바랍니다. 내 뜻대로 안 되어도, 버티기 힘든 일상의 연속일지라도 비교할 수 없이 좋은 최상의 길로 인도하시는 하나님의 손길을 이 책에서 분명히 발견할 수 있을 거라고 확신합니다.

‖ 신성욱 (아신대 설교학 교수, 『설교의 삼중주』 저자)

하나밖에 없는 아들은 해바라기를 유난히도 좋아했습니다. 내가 아는 모든 종류의 해바라기 씨를 심고 기다렸습니다. 그러나 예쁜 해바라기는 마음속에서 상상으로 필 뿐 커다란 잡초만이 무성하게 자라났습니다. 기다리다 지쳐 뽑아 던진 며칠 후, 흐느적 널부러진 잡초 끝에 해바라기가 간신히 피어 있었습니다! 잡초, 그것도 너무 커 아무런 미련 없이 뽑았던 것이 아뿔싸 이렇게도 예쁜 해바라기였다니! 허둥대며 다시 심었습니다. 안절부절 살아나기를 기다렸습니다. 다시 심긴 해바라기는 그해 그 동네에서 가장 아름다운 꽃이 되었습니다.

한미연 목사의 간증집을 읽으면서 저 너머에 있던 기억이 다시 떠올라 눈시울을 적신 것은 그녀가 그해 그 동네에서 소문났던 해바라기를 닮았기 때문일 것입니다. 그녀가 올해 가장 아름다운 꽃이 되리라! 할렐루야!

‖ 이영호 (한세대학교대학원 신약학 교수)

사랑하고 존경하는 한미연 목사님의 책이 출간된 것을 축하드립니다. 먼저 읽는 특권을 누리면서 먹먹한 간증으로 큰 은혜를 받았습니다. 이 책의 시작은 내 뜻대로 선택하지 않았던 부모님의 불화부터 다루는데요. 어머니의 혈액암을 고쳐 주시고 아버지에게 하나님의 살아 계심을 보여 주신 간증에 감동했습니다. 이후 아버지께서 목회의 길을 중도 포기하신 내용에 이어 목사님의 학창 시절 간증을 읽을 때는 저희 딸내미들이 생각나서 더욱 흐뭇함을 느꼈습니다. 또 목사님의 결혼 이야기까지 재미있게 읽다 보니, 주님 뜻대로 살기를 고백하시는 회심의 간증을 만났습니다.

특별히, 한미연 목사님은 한 아이에게 조혈모 세포를 기증해 주기도 하셨습니다. 그래서인지 목사님이 저에게도 생명의 은인처럼 느껴집니다. 왜냐하면 저희 둘째 딸도 초등학교 4학년 때(교회 개척 7개월 즈음) 백혈병을 만나서 죽음의 시간을 통과했거든요. 이 책에서는 조혈모 세포 기증 이후 기독교 방송 "새롭게 하소서"에서 하나님께서 보여 주신 기적 같은 만남과 간증을 구체적으로 나눠 주십니다. 하나님의 섭리가, 그 사랑이 얼마나 놀라우신지요!

목사님의 교회 개척 전후에 만나셨던 고난과 은혜를 통해서도 다시 배웁니다. 목사님이 이해할 수 없는 하나님 뜻에 순종하기 어려우셨듯이, 그것을 감내하고 버텨 내기 어려우셨듯이 삶의 순간마다 우리도 하나님의 뜻에 순종하기 어려울 때가 있습니다. 우리 예수님께서도 십자가 고난이 쉽지 않으셨지만 순종의 모델이 되어 주셨습니다. 그래서 순종이 어려운 우리를 충분히 도울 수 있으십니다. 성령님을 통해 도와주시고요. 순종하는 사람들을 하나님의 시간에 그분의 방법으로 축복하십니다.

이제 목사님은 상처 입은 치유자요 축복의 통로가 되셔서, 내 뜻이 아닌 하나님 뜻(비전)을 따라 살며 사역하십니다. 이것이 얼마나 큰 복이며 행복인지를 아름다운 믿음으로 보여 주십니다. 부디 이 책을 통해 내 뜻이 아니라 주님 뜻대로 사는 것이 가장 위대한 행복임을 재발견하시고, 예수님 한 분만으로 충분한 삶을 누리시길 소망하며 기쁜 마음으로 추천합니다.

‖ 조태성 (NEW LIFE 새생명교회 담임목사, 갓피플 결혼예비학교 강사)

Contents

목차

프롤로그

예수님이 부활 승천하신 후, 헤롯 왕이 그리스도인을 핍박하기 시작했다. 헤롯은 사도 베드로를 죽이기 위해 그를 잡아서 감옥에 가두었다. 교회는 베드로가 살아서 돌아오기를 바라며 간절히 하나님께 기도했다. 하지만 기도가 응답될 가능성은 매우 희박했다. 군인 네 명이 베드로 곁에서 철통같이 지키고 있었기 때문이다. 그런데 놀라운 일이 일어났다. 베드로가 사람이 아닌 천사의 도움으로 감옥에서 탈출하게 된 것이다! 베드로가 집에 도착해 보니, 그 시간에도 사람들이 잠을 자지 않고 베드로를 위해 간절히 기도하고 있었다.

깨닫고 마가라 하는 요한의 어머니 마리아의 집에 가니 여러 사람이 거

우리는 인생에서 뜻하지 않은 고난을 만난다. 때론 베드로처럼 절체절명의 순간을 맞이하기도 한다. 하지만 간절히 기도한다고 해서 내 뜻대로 응답받는 것은 아니다. 같은 질병에 걸려서 기도해도 누구의 병은 주님이 치료해 주시고, 누구의 병은 그대로 두신다. 새벽예배에 나가서 취업과 입시를 위해 열심히 기도해도 누구는 원하는 대로 응답받고, 누군가는 떨어진다. 그래서 시험에 들기도 하고, 때론 하나님을 원망하면서 신앙의 길을 떠나기도 한다.

시편 145편 20절에서 "여호와께서 자기를 사랑하는 자들은 다 보호하시고 악인들은 다 멸하시리로다"라고 했듯이, 하나님은 하나님의 자녀를 보호해 주시겠다고 분명히 약속하셨다. 그런데 왜 나를 도와주시지 않는 것일까? 그리스도인이라면 한 번쯤은 이와 같은 고민을 해 보았을 것이다. 기도할 때마다 베드로처럼 나를 극적으로 구해 주신다면 신앙생활 할 맛도 나고, 불신자 앞에서도 큰소리치며 살 수 있을 텐데 말이다. 그런데 인생의 모진 풍파를 겪어 가면서 깨달은 것이 있다. 하나님은 응답하지 않으신 기도가 없다는 것이다. 다만 내 뜻이 아니라 아버지의 선하신 뜻대로 응답해 주셨다는 사실이다.

베드로가 잡히기 전, 사실 헤롯은 요한의 형제 야고보를 먼저 죽였
다. 같은 사도인데도 야고보는 죽었다. 이때도 교회는 분명히 기도
했을 것이다. 야고보를 살려 달라고…. 하지만 야고보는 제대로 사
역도 한번 못 해 보고 허무하게 죽었다. 그런데 왜 베드로는 살고,
야고보는 죽어야 했을까?

그것은 하나님이 야고보를 구할 능력이 없거나 베드로를 특별히 더
사랑해서도 아니다. 베드로와 야고보를 향하신 하나님의 뜻이 다르
기 때문이다. 베드로의 이름은 원래 '시몬'이었다. 그러나 예수님이
제자로 부르신 후 '반석'이라는 뜻을 가진 '베드로'로 개명해 주셨다.

또 내가 네게 이르노니 너는 베드로라 내가 이 반석 위에 내 교회를 세
우리니 음부의 권세가 이기지 못하리라_마 16:18

한편, 야고보는 내가 마시는 잔을 마실 수 있겠냐는 예수님의 물음
에 "할 수 있나이다"(마 20:22)라고 대답했다. 야고보가 예수님이 마
시는 잔을 마시듯 처음으로 순교한 사도가 되어서 초대 교회가 세

워질 수 있는 토양을 만들었다면, 베드로는 살아남아서 반석 위에 집처럼 든든히 교회를 세워 나갔다. 똑같이 예수님이 부르셨고 주님의 제자였지만, 각자를 향한 주님의 뜻과 계획이 다르기에 그들의 삶도 다른 결과로 나타났다.

나의 삶 가운데도 내 뜻대로 된 것도 있지만, 내 뜻대로 이루어지지 않은 것들이 더 많은 것 같다. 그런데 지나고 보면, 주님의 뜻대로 이루어진 일들이 더 아름다운 열매를 맺었다. 그러므로 내 뜻대로 안 되어도 내 뜻보다 완전하신 주님의 뜻을 기대하자. 나의 걸음을 인도하실 주님의 크신 뜻을 기대하며, 버티며, 기쁨으로 함께 걸어가 보자.

왜 태어났니?

1장. 왜 태어났니?

인생을 살다 보면 내 뜻대로 되지 않는 일을 만나게 된다. 나도 그랬다. 어머니가 나를 임신한 순간부터 내 뜻과 상관없이 태어났다. 태어나 보니 가난한 집의 둘째 딸이었다. 부모님이 "내가 너를 낳을건데 괜찮겠니?", "너는 아들, 딸 중에 뭐가 좋으니?" 하고 내 의견을 물어보지 않으셨다.

내게는 두 살 많은 오빠가 있다. 오빠가 착하고 다정한 편이어서 나를 잘 데리고 다니며 놀았다. 그런 오빠가 좋았다. 오빠는 친구들과 밖에서 노는 것을 좋아했다. 지금이야 스마트폰과 PC게임이 있어서 실내에서 노는 경우가 많지만, 내가 어릴 때는 골목과 산과 들이 최고의 놀이터였다. 나는 오빠를 따라다니며 야성을 키웠다. 나무에도 올라가고, 오빠 친구들과 함께 딱지치기, 땅따먹기, 비석 치기를 했다. 한번은 주말의 명화에서 본 슈퍼맨이 되고 싶어서 보자기를 목에 두르고, 높은 곳에서 뛰어내리기도 했다. 여자 친구들과 노는 것보다 오빠와 노는 게 훨씬 재미있었다.

하지만 커갈수록 오빠는 나와 놀려고 하지 않았다. 내가 여동생이 었기 때문이다. 여자는 남자들과 놀면 안 된다고 했다. 속상했다. 이

때부터 내가 여자라는 게 싫었다. 그러고 보니 부모님도 오빠가 장남이라 나보다 오빠를 더 사랑하는 것 같았다. 오빠를 위해서라면 부모님은 가난한 형편에도 오빠에게 과외 선생님을 붙여 주기도 하고, 학원도 보내 주셨다. 하지만 오빠보다 공부하는 것을 더 좋아하고 성적도 좋았던 나는 학원에 다녀 본 적이 없다. 나는 늘 오빠 다음이었다.

'나도 오빠처럼 남자로 태어났으면 좋았을 텐데…
왜 여자로 태어난 것일까?'

성장하는 동안, 여자로 태어나게 하신 부모님과 하나님 모두 원망스러웠다. 하지만 내가 여자로 태어난 것보다 더 싫은 게 있었다. 불행한 가정 환경이었다.

집이 가난해서, 과자 하나 사 먹는 것도 고민을 많이 했다. 친구들이 고무로 된 바비 인형을 가지고 놀 때, 나는 문방구에서 종이 인형을 사다 오려서 놀았다. 장난감도 별로 가져 본 적이 없다. 그래서 장난감 가게만 보면 눈이 휘둥그레지곤 했다. 그리고 맛있는 음식을 파는 고급 음식점이 주변에 있다는 것도 고등학교 때 알았다. 고3 때

교회 담임 선생님이 수능 시험 끝났다고 반 친구들을 레스토랑에 데려가 돈가스를 사 주셨는데, 외식이라고는 특별한 날 먹어 본 짜장면밖에 없었던 내게, 새로운 경험이었다. 부모님도 사주지 못한 돈가스를 사 주신 선생님께 너무도 감사했다.

가난한 것에 더하여, 매일 싸우시는 부모님이 나는 정말 싫었다. 가난한 형편인데도 전화기를 일 년에 두세 번 바꾸고, 밥통과 TV 등 던질 만한 물건은 부서지거나 흠집이 나 있었다. 어머니 몸에는 이따금 멍이 들어 있었다. 나는 친구들이 이렇게 좋지 못한 우리 집 사정을 알게 될까 봐 늘 불안했다. 불안한 마음을 감추고 싶은 본능 때문인지 몰라도 어릴 때부터 잘 웃고 다녔다. 마음은 우울하고 불안한데, 이상하게 웃음이 잘 나왔다. 쓸데없이 잘 웃는다고 혼나서 고쳐 보려고 노력해 보았는데도 잘 고쳐지지 않았다. 얼굴은 웃고 있지만 우울했고, 매사에 자신감을 잃어 갔다.

이 세상에 존재하는 것은 다 의미가 있다는데, 내 뜻과 상관없이 주어진 환경을 바라보며, 나는 종종 생각에 잠기곤 했다. '나는 왜, 이렇게 가난하고 불화가 끊이지 않는 가정에서 태어나야 했을까?'

| 지켜지지 않은 약속 그리고 술 |

부모님은 서로 헤어지기 전까지 평생 싸우셨다. 나는 싸움의 원인이 아버지의 술 때문이라고 생각했다. 그런데 책을 쓰기 시작하면서 내가 알지 못했던 부모님의 깊은 상처를 알게 되었다.

아버지는 원래 부유한 집안에 늦둥이로 태어나셨다. 아버지가 태어나기 전, 나이 많은 형님과 누님이 계셨다. 형님이 6.25 전쟁이 발발하기 직전 군대에 징집되었다. 나라가 불안정했던 시기라 할머니는 손(孫)이 귀한 한 씨 집안에 혹여 대(代)가 끊어질까 봐 불안하셔서 뒤늦게 아들을 하나 더 낳으셨다. 바로 우리 아버지다.

아버지는 부족함 없이 자라셨다. 할아버지가 광산 사업을 하셨는데, 돈다발을 벽장에 쌓아 두고 살 정도로 사업이 잘되었다. 그런데 어느 날, 할아버지가 모든 재산을 장남 명의로 증여하셨다. 할아버지는 둘째 아들이었던 아버지에게도 재산을 주신다고 하지만, 아버지는 나중에 받겠다며 한사코 거절하셨다. 아버지는 당시 청소년이었고, 형님은 20살 가까이 나이가 더 많아 이미 아내와 자식들도 여러 명 있었다. 그래서 아버지는 가장이고 어른인 형님이 재산을 가지고 있는 게 옳다고 생각하셨다. 다만, 나중에 결혼할 때 분가해서 살 집 한 채와 먹고 살 땅을 나눠 달라고만 했다. 할아버지가 지켜보는 앞에서 형님도 그러겠노라고 약속했다. 하지만 그 약속은 지켜지지 않았다. 형님은 "다음에 꼭 줄게"라는 말만 되풀이하다가 돌아가셨다.

어머니는 부잣집이니 고생시키지 않겠다는 아버지와 시댁 어른들의 말을 믿고 결혼하셨다. 그런데 그 약속을 지키지 않자, 남편과 시댁에 큰 상처와 배신감을 받으셨다. 두 분은 생활고에 시달리면서 이 문제로 늘 싸우셨고, 아버지는 괴로운 마음에 술을 드셨다.

내가 이제 부모님의 나이가 되어 두 분의 상처를 알게 되니, 이해가 되고 마음이 아프다. 처음에는 두 분도 예쁜 선남선녀로 만나 핑크빛 결혼 생활을 꿈꾸었을 텐데, 부모님의 뜻대로 살아지지 않은 인생이 참으로 가엽고 불쌍하다.

마른 떡 한 조각만 있고도 화목하는 것이 제육이 집에 가득하고도 다투

| 엄마 죽지 마! |

내가 태어날 때 부모님을 선택할 수 없었듯이, 부모님과 함께 살아가야 할 시간도 내 뜻대로 하기 힘들었다. 내가 아직 죽음이 무엇인지도 모르는 어린 나이였을 때, 부모님은 인생 최대의 위기를 만나셨다.

내가 네다섯 살쯤 되었을 때, 어머니는 혈액암 진단을 받으셨다. 아버지는 어머니를 살리기 위해 큰 병원도 가 보셨지만, 어머니의 병세는 급속도로 나빠지셨다. 의사는 어머니가 오래 못 사시니 맛있는 거라도 많이 사 드리라면서 집으로 돌려보냈다. 그 이후로 어머니는 음식을 거의 못 드셔서 앙상해져만 갔고, 방에 누워 돌아가실 날만 기다리셨다. 그리고 아버지는 어린 남매를 두고 죽어 가는 아내를 보며 술만 마셨다.

나는 어머니에게 무슨 일이 생겼는지 잘 알지 못했다. 그냥 누워 있는 어머니에게 배고프다고 칭얼거리기만 했던 것 같다. 하지만 나보다 두 살 많았던 오빠는 눈치가 있었다. 한번은 오빠가 양은 냄비에 밥과 물을 넣어 '죽'이라고 하면서 어머니에게 가지고 갔다.

"엄마, 이것 먹고 힘내! 죽으면 안 돼."

어머니는 넘어가지 않는 물밥을 한 숟갈 입에 넣으시고는 눈물을 흘리며 우셨다.

나는 어머니에게 죽음이라는 인생 최대의 위기가 닥쳐왔다는 것을 알지 못했다. 아니 죽음이라는 것이 무엇인지도 몰랐다. 죽음 앞에서 어린 남매를 두고 아무것도 할 수 없는 어머니의 슬픔을 이해할 수 없었고, 아내를 지켜 주지 못하는 아버지의 비참함도 알 길이 없었다. 내 눈에는 그저 매일같이 술을 마시는 아버지와 울기만 하는 어머니가 이상할 뿐이었다.

분명히 사람은 자기의 시기도 알지 못하나니 물고기들이 재난의 그물에 걸리고 새들이 올무에 걸림 같이 인생들도 재앙의 날이 그들에게 홀연히 임하면 거기에 걸리느니라_전 9:12

| 이래 죽으나 저래 죽으나 |

한파가 몰아치던 추운 겨울, 어머니의 병세는 한파만큼이나 걷잡을 수 없이 악화하였다. 아버지는 속이 상해 친구와 술을 자주 마셨다. 어느 날, 술친구가 갑자기 교회 이야기를 했다.

"친구야, 요즘 교회에 가면 병든 사람이 낫기도 한다던데,

제수씨도 목사님께 기도라도 한번 받아 보게 해 봐."

아버지는 한 번도 교회에 가 본 적이 없었다. 그러나 병이 나을 수도 있다는 친구의 말에 귀가 번쩍 뜨이셨다.

"그래, 이래 죽으나 저래 죽으나 죽는 것은 마찬가지니,

네가 아는 목사님 있으면 한번 모시고 와 봐."

며칠 후, 친구가 교회 목사님을 모시고 집으로 왔다. 목사님은 누워 있는 젊은 새댁을 보며 마음 아파하시며, 하나님께 간절히 기도하셨다. 어머니는 고마워서 눈물을 흘리셨다. 목사님이 세 번째 다녀가신 날, 어머니는 주무시다가 빨간 십자가를 보셨다. 눈을 떠 보니 마침 교회 새벽 종소리가 들려와, 죽기 전에 교회에 가 보고 싶으셨다.

어머니는 옷을 주섬주섬 걸치기 시작하셨다. 문밖을 나서니 매서운 찬 바람에 야윈 몸이 금방이라도 쓰러질 것만 같았다. 벽을 의지해 가며 한 걸음 한 걸음 힘겹게 걷기 시작하셨다. 교회에 도착하니 이미 새벽 예배가 시작하였다. 어머니는 예배당 한쪽에 놓인 방석에 앉으시고, 몸이 더워지기 시작해 겉옷을 벗으셨다. 잠시 후, 목사님의 설교가 끝나고 기도 시간이 되었다. 어머니의 눈에서 주체할 수 없는 눈물이 흘렀다. 울다가 눈을 떠 보니 목사님만 남아 계셨다. 어머니는 집에 가기 위해 예배당 문을 여셨다. 찬바람이 어머니를 휘감았고, 동시에 몸이 새털처럼 가벼워진 것을 느끼셨다. 그러자 정신이 번쩍 들었다. '내가 교회에 올 때는 벽을 집고 겨우 왔었는데….' 어머니는 자신에게 일어난 변화가 놀라웠다. 그래서 어머니는 마치 부활하신 예수님을 만났던 마리아처럼 기쁜 마음으로 단숨에 집으로 돌아오셨다.

한편, 집에서는 사라진 어머니 때문에 한바탕 소동이 일어났다. 아버지는 어머니를 찾기 위해 온 동네를 찾아다니셨다. 추운 겨울에 나가서 얼어 죽기라도 한 것은 아닌지 걱정이 되셨다. 마침 어머니가 대문으로 들어오셨다.

"추운 날 새벽에 환자가 어디를 돌아다녀! 빨리 방에 들어가!"

아버지는 호통을 치고서 방으로 들어가셨다. 하지만 어머니는 부엌으로 가셨다. 부엌에는 씻지 않은 그릇들과 먼지가 쌓여 있었다. 어머니는 겉옷을 벗고 청소하기 시작하셨다. 마당에 있는 펌프를 녹여 가며, 밀린 빨래와 집안일도 하셨다. 아버지가 나오셔서 다시 호통을 치셨다.

"오늘 한파인데 옷도 제대로 안 입고 뭐 하는 거야.
죽으려면 곱게 죽지, 왜 그래?!"

"미연 아빠, 나 괜찮아. 하나도 안 추워."

밖이 소란스러워지자 문간방에 함께 세 들어 살던 아주머니도 나오셨다.

"아휴, 미연 엄마 왜 그래? 사람이 죽을 때가 되면 정신이 한 번 돌아온다던데, 불쌍해서 어떡해. 추우니까 빨리 들어가!"

하지만 어머니는 아랑곳하지 않고 하시던 집안일을 열심히 하셨다. 그날부터 어머니는 건강을 회복하셨다. 새벽 예배를 드리는 동안 불치의 병이 나은 것이다! 그렇게 꿈에서 본 십자가는 어머니의 생명을 살리고, 한 가정을 살리는 구원의 십자가가 되었다.

> 너희와 모든 이스라엘 백성들은 알라 너희가 십자가에 못 박고 하나님이 죽은 자 가운데서 살리신 나사렛 예수 그리스도의 이름으로 이 사람이 건강하게 되어 너희 앞에 섰느니라_행 4:10

| 하나님이 살아 계신 증거 |

병이 나은 어머니는 열심히 교회에 나가셨다. 아버지도 어머니의 병이 나은 것이 목사님 덕분이라는 생각이 들어서 함께 나가셨다. 하지만 어머니가 교회에 가는 시간이 많아지고 목사님도 잘 섬기는 모습을 보자 아버지는 마음이 불편해지셨다. 그래서 교회에 너무 빠지지 말라고 다그치셨다. 어머니는 그런 아버지가 원망스러우셨다.

하루는 어머니가 교회에 오래 다니신 교우분에게 이런 아버지와의 속사정을 하소연하셨다. 그랬더니 그분은 작정 기도를 해 보라고 권했다. 하나님이 살아 계신 증거를 남편에게도 보여 달라고, 기도 내용까지 구체적으로 알려 주었다. 어머니는 교우분의 권면대로 작정 기도를 하셨다.

그러던 어느 날, 아버지가 어머니와 함께 교회에서 예배를 드리고 나오시면서 이상한 말씀을 하셨다.

"여보, 눈을 감아도 앞이 보여!"

"장난치지 말아요."
"아니야, 진짜 눈을 감아도 앞이 보여. 못 믿겠으면 내 눈을 가려 봐!"

어머니는 속는 셈 치고, 두 손으로 아버지의 두 눈을 가리셨다. 그러자 한 치의 망설임도 없이 아버지가 걸어가셨다. 전봇대도 피하고, 웅덩이와 길가에 놓인 장애물도 다 피하며 걸어가셨다. 어머니는 깜짝 놀라셨다. 어머니는 하나님이 살아 계신 증거를 남편에게도 보여 달라는 기도에 하나님께서 응답하셨다는 사실을 깨달았다.

아버지는 자신에게 일어난 일이 신기했다. 그리고 어머니가 아버지를 위해 기도하셨다는 사실도 알게 되셨다. 아버지는 정말 하나님이 계신지 직접 기도해 보기로 하셨다. 교우가 알려 준 금식기도원에도 가시고, 산 기도도 다니기 시작하셨다. 그러던 중 술·담배를 하려고 하면 구토가 나오는 바람에 술·담배를 끊게 되셨다. 아버지는 하나님이 정말 살아 계시다는 사실이 믿어지셨다.

믿음이 생기신 아버지는 어머니와 함께 열심히 신앙생활 하셨다. 병든 이웃을 찾아가 열심히 기도도 해 주고, 전도도 열심히 하셨다. 특히, 복음의 불모지였던 친가와 외가에 복음을 전하셨고, 일가친척이 예수님을 믿게 되었다.

성경에 보면 초자연적인 사건이 많이 기록되어 있다. 한 가난한 제자가 빌려 온 쇠도끼를 물에 빠뜨리자 선지자 엘리사는 나뭇가지를 던져 쇠도끼를 떠오르게 했다(왕하 6:5~7). 바울이 에베소에 있을 때 사람들이 바울이 지니고 있던 손수건을 병든 사람에게 주면, 병이 낫거나 귀신이 떠나는 일도 있었다(행 19:11~12). 특히 신약에서 초자연적인 역사는 영적인 부흥의 때에 많이 나타났다(행 2:17). 지금도 선교지에서 기적이 많이 일어나는 이유이기도 하다.

나는 어머니와 아버지에게 일어난 기적 역시 한 가정의 구원을 통해 여러 사람을 구원하시려는 주님의 뜻임을 믿는다. 예수님의 말씀처럼 보지 않고 믿는 자들이 복되지만, 아버지처럼 보아야 믿는 사람들이 있다. 도마의 요청을 거절하지 않으셨던 예수님은 부모님의 기도에도 응답하셨다.

너는 내게 부르짖으라 내가 네게 응답하겠고 네가 알지 못하는 크고 은밀한 일을 네게 보이리라_렘 33:3

│ 아 버 지 의 기 도 와 은 사 │

아버지는 교회에 다니면서도 어머니와 다툴 때가 많았다. 아버지는 성령 충만 받고 새사람이 되기 위해 열심히 기도하셨다. 산에 굴을 만들어 놓고 거의 매일 기도하러 다니셨다. 산속에는 불상을 모신 굴과 절이 있었다. 염불을 외우는 소리가 들리면 마치 엘리야라도 된 양 큰 소리로 찬양을 부르며 기도하셨다. 그러다 한번은 〈내게 강 같은 평화〉를 반복해서 부르자 염불을 외우던 스님이 찬양을 따라 불렀다. 자신도 모르게 찬양을 흥얼거리던 스님은 방해가 되니 다른 곳으로 가서 기도하라며 아버지와 말다툼을 하기도 하셨다. 아버지는 낮이고 밤이고 열심히 기도하셨다.

그러던 어느 날, 구역 예배 시간에 아버지가 교우 가정을 위해서 기도하시는데, 이상한 일이 생겼다. 아무도 몰랐던 교우 가정의 비밀스러운 이야기가 나오더니, 위로의 기도가 이어졌다. 기도를 듣던 교우가 눈물을 흘렸다. 교우는 자신의 비밀을 어떻게 알았냐며 놀라서 물었다. 아버지는 자신도 모르게 그런 말이 나왔다면서 미안하다고 하셨다. 그 후 아버지가 예언의 은사를 받았다는 소문이 교회에 퍼지면서, 아버지에게 기도를 받으려는 사람들이 생기기 시작했다. 하지만 아버지는 교회에 해가 될까 봐 기도해 주는 것을 매우 부담스러워하셨다.

반면에 어머니는 아버지가 은사를 계속 사용하길 바라셨다. 그래서 아버지에게 신학교에 가라고 권유하셨다. 아버지는 어머니의 권유를 무겁게 받으셨고, 금식하며 하나님의 뜻을 구했다. 그리고는 이내 응답을 받아 서울에 있는 신학교에 입학하셨다. 아버지가 신학교에 다니게 되면서 우리 가족은 서울 관악구로 이사했다.

은사는 여러 가지나 성령은 같고 직분은 여러 가지나 주는 같으며 또

사역은 여러 가지나 모든 것을 모든 사람 가운데서 이루시는 하나님은

같으니 각 사람에게 성령을 나타내심은 유익하게 하려 하심이라_고전

12:4-7

서울에 오니 모든 것이 신기했다. 비록 반지하 단칸방이긴 했지만 처음 경험해 보는 현대식 집이었다. 실내에 싱크대가 있는 주방이 있었고, 대문 안에 수세식 화장실도 있었다. 어머니는 근처에 있는 시장에서 국밥 장사를 하셨다. 나는 놀다가 심심하거나 배가 고프면 시장에 갔다. 그러면 어머니가 국밥을 해 주셨다. 어머니가 해 주시는 음식은 다 맛있었다. 하지만 어머니는 내가 오는 것이 신경 쓰였는지 빨리 집에 가라고 하셨고, 나는 어머니가 그렇게 말할 때마다 서운해하곤 했다.

아버지는 동네에 있는 작은 교회에서 전도사로 사역을 시작하셨다. 술친구와 어울리며 늘 비틀거리던 아버지가 교회에 다니는 분들과 지내시는 모습을 보니 기분이 좋았다. 큰 키에 양복을 차려입은 아버지의 모습이 정말 멋있었다. 아버지가 사역하시는 교회에서 예배도 드리고, 종종 아버지를 따라서 산 기도와 금식기도원도 가곤 했다. 하지만 오랜 시간 기도하는 아버지를 기다리는 것이 지루해, 무섭지만 혼자 산에서 내려와 집에 간 적도 있었다. 나도 금식하겠다며 따라간 기도원에서, 배가 너무 고파 노점의 먹거리만 쳐다보고 있을 때면, 아버지가 귀여워하시면서 금식 안 해도 괜찮으니 먹으라며 과자도 사 주시고, 식당에서 밥도 사 주셨다. 아버지가 어머니와 싸우기는 하셨어도, 나에게는 그저 평범하고 자상한 아버지셨다. 그래서 나는 신학생이 된 아버지가 정말 좋았다.

의인의 아비는 크게 즐거울 것이요 지혜로운 자식을 낳은 자는 그로 말미암아 즐거울 것이니라_잠 23:24

| 15일 금식 기도 후 찾아온 시험 |

아버지의 은사는 계속 나타났다. 사역하던 교회에서도 아버지가 기도하면 위로와 소망을 주는 메시지가 흘러나왔다. 교회에 전도사님의 기도가 은혜롭다는 소문이 돌자 다른 교회 성도들까지 기도를 받기 위해서 찾아왔다. 그중에는 자신이 건물을 한 채 가지고 있으니, 그곳에 교회를 함께 개척하자고 제안한 사람도 있었다. 하지만 아버지는 모든 것이 조심스러웠다. 그래서 15일간 금식 기도를 하기 위해 삼각산에 올라가셨다. 그러면서 어머니에게는 절대로 심방 약속을 잡지 말라고 신신당부하셨다.

아버지는 추운 겨울 텐트 속에서 매서운 찬바람과 싸워 가며 기도

하셨다. 작정 기간이 마칠 즈음, 하나님의 비전을 받고서 마음이 기쁘셨다. 그 무렵, 어머니가 다른 교회 집사님들 대여섯 명과 함께 아버지를 찾아가셨다. 어머니는 5일을 더 하여 20일을 채우면 좋겠다고 하셨다. 아버지는 함께 금식도 하지 않은 아내가 금식 기도를 더 하라는 말에 화가 나셨지만 꾸욱 참으셨다. 그리고 작정한 15일만 채우고 집에 돌아오셨다.

집에 들어서자마자 어머니가 같이 심방을 가자고 하셨다. 아버지는 화가 나셨다. 오랜 금식으로 적어도 며칠은 보식 기간이 필요했다. 게다가 심방 약속을 잡지 말라고 했는데, 어머니가 따르지 않으셨다. 그러나 시험에 들지 않기 위해 참으시고 함께 심방을 다녀오셨다. 그런데 심방을 다녀온 집에서 어머니에게 아버지가 금식 기도를 잘못하고 온 것 아니냐고, 뒷말을 했다. 아버지가 금식으로 인해 기운이 없어서 말할 때 발음이 꼬인 것을 두고 오해한 것이었다. 그 말을 들은 어머니는 아버지에게 다시 산에 올라가 5일을 더 금식하라며 채근하셨다.

"그러니까 내가 심방 약속 잡지 말라고 했는데, 왜 내 말을 안 들어!"

결국, 아버지는 화를 참지 못하고 어머니를 세게 밀어 버리셨다. 그때 하필 어머니가 넘어지시면서 크게 다치게 되었다. 어머니는 신학생이 되어서도 혈기를 부리는 남편에게 크게 실망하셨고, 결국 집을 나가셨다.

그 후로, 한동안 나는 어머니를 볼 수 없었다. 생계를 책임지던 어머니가 계시지 않자 집안 형편이 더 어려워졌다. 간혹 아버지의 지인들이 찾아와 위로해 주며, 쌀을 사 주거나 돈을 주고 갔다. 그러나 며칠 못 되어 굶는 날이 생기게 되었다. 그러던 중 수소문하여 어머니가 부산에 계시다는 것을 알게 되었다. 아버지가 어머니에게 연락을 해 보셨지만, 어머니는 집에 돌아오지 않으셨다. 아버지는 계속 기도하며 고민하셨다. 살길이 막막해지자 아버지는 내게 어머니를 만나러 가자고 하셨다. 우리 가족은 서울에 온 지 2년 만에 낯선 대도시 부산으로 이사하였다.

거기서 우리는 다시 어머니와 살게 되었다. 대신에 아버지는 신학 공부와 목회자의 길을 모두 포기하셨다. 부모님은 생계를 위해 버스 정류장에서 포장마차를 하셨고, 아버지는 손님들 가운데 유명한 건달들과 어울리셨다. 그러면서 술과 담배도 다시 하시게 되었다.

그렇게 아버지는 15일 금식 기도 후 찾아온 시험을 이기지 못해 주님이 주신 비전과 뜻을 이루지 못하셨다.

시험에 들지 않게 깨어 있어 기도하라 마음에는 원이로되 육신이 약하
도다 하시고_막 14:38

| 뜻밖의 신앙 유산 |

부모님은 이런저런 문제로 매일 다투셨다. 나는 친구들이 부모님이 싸우는 걸 알까 봐 늘 불안했다. 그래서 가출과 죽음도 생각해 본 적이 있었다. 하지만 무서워서 가출하지 못했다. 또 스스로 죽을 용기가 없어서 행동으로 옮기지 못했다. 아마도 그때 나에게 우울증과 불안 장애가 생긴 것 같다. 수업 시간에도 아버지가 낮술을 마시고 어머니를 괴롭힐까 봐 걱정이 되는 바람에 학교에 있어도, 친구와 놀고 있어도, 그 무엇을 해도 마음이 편하지 않았다.

하지만 내게도 마음에 쉼을 주는 곳이 있었다. 바로 교회였다. 교회에 가서 예배를 드릴 때면 이런 불안과 염려를 조금이나마 잊을 수 있었다. 특히, 나는 여름성경학교와 수련회를 좋아해서 그때가 되

기를 손꼽아 기다렸다. 내가 어릴 때만 해도 여름성경학교는 오전, 오후로 나누어 3일 동안 했었는데, 나는 한 번도 빠진 적이 없었다. 중고등부 때도 마찬가지였다. 나는 여름, 겨울 수련회에 빠진 적이 한 번도 없었다. 나에게는 그날이 명절보다 더 신나고 즐거운 날이 었기 때문이다. 부흥회에 가는 것도 좋아해서 전봇대에 붙어 있는 부흥회 포스터만 봐도 기분이 좋았다. 부흥회를 하면 큰 북을 치면서 찬송가를 부르고, 바닥에 앉아 세 시간씩 예배를 드리곤 했다. 그러면 나는 맨 앞자리에 어른들과 함께 나란히 앉아서 박수하며, 찬양을 부르고, 땀이 나도록 열심히 예배드렸다.

지금 생각해 보면 웃음이 나기도 하고, 한편으로는 기특하다는 생각도 든다. 나도 이제 자식을 낳아 함께 예배드리고, 또 교육전도사로서 어린이 사역도 해 보았지만, 어린 나이에 어떻게 그렇게 열심히 예배를 드릴 수 있었을까 하는 생각이 들기 때문이다. 나에게는 당연했던 일들인데, 그렇지 않은 아이들이 훨씬 많다는 사실을 알게 되었을 때, 비로소 그것이 부모님께 물려받은 신앙의 유산이라는 것을 알게 되었다.

밤낮으로 교회에 가서서 예배드리며 기도하시던 어머니, 매일 산

기도와 금식기도원을 다니시던 아버지, 특히 부모님이 보여 주셨던 기도하는 모습은 나 역시 모든 일에 기도하는 습관을 갖도록 해 주셨었다. 또한, 부모님은 하나님이 행하신 일을 늘 간증하셨다. 앉아 있든지 길을 갈 때든지 가르치라는 신명기 6장 7절의 말씀처럼, 귀에 인이 박일 정도로 평생 간증하셨다. 비록 끝까지 믿음으로 승리하지는 못하셨지만, 자신들이 실수했던 일을 교훈 삼으라고 하셨다.

나는 가난한 형편에 가정불화로 늘 불안해하면서 부모님이 나에게 해 준 게 뭐가 있냐고 원망할 때가 많았다. 그런데 부모님은 뜻밖에도 돈으로도 해 줄 수 없는 귀한 신앙을 내게 유산으로 물려주셨다. 이 신앙의 유산은 훗날 값진 보물이 되었다. 하지만 그 시절에는 이런 사실을 깨달을 수 없었다.

> 오늘 내가 네게 명하는 이 말씀을 너는 마음에 새기고 네 자녀에게 부지런히 가르치며 집에 앉았을 때에든지 길을 갈 때에든지 누워 있을 때에든지 일어날 때에든지 이 말씀을 강론할 것이며_신 6:6-7

딸 바보 하늘 아빠

2장. 딸 바보 하늘 아빠

내게는 귀여운 늦둥이 딸이 하나 있다. 오래 기다리다 낳은 딸이라서 그런지, 보고 있기만 해도 사랑스럽고 예쁘기만 하다. 딸이 고민하는 게 있으면 다 들어주고 싶고, 원하는 것은 다 해 주고 싶지만 절제하려고 노력한다. 그런데 우리 남편은 조금 다르다. 집에 있는 장난감은 대부분 아빠가 사 준 것이다. 나이 차이가 많은 오빠가 돈을 벌기 시작하면서 장난감을 사 주기도 하는데, 그전까지는 아빠인 남편이 다 사 주었다. '딸 바보'라는 말이 무슨 의미인지 우리 남편을 보면 알 수 있다.

그런데 내게도 그런 아버지가 계신다. 하늘 아빠시다. 하나님 아버지는 딸 바보다. 나를 딸로 삼기 위해 독생자 예수 그리스도를 십자가 위에서 죽게 하셨다. 그리고 나에 대해 모르는 것이 하나도 없으시다. 특히, 사춘기 시절을 되돌아보면 하나님 아버지의 자상함이 많이 느껴진다. 사춘기 중학생 소녀의 철없는 고민을 무시하지 않으셨다. 때때로 드리는 소심한 간구도 귀엽게 보시고 응답해 주셨다. 불행한 가정 환경으로 주눅이 들어 있던 나에게 구하는 것을 들어주시며, 마치 "딸, 아빠 여기 있으니 힘내!"라고 하는 것 같았다. 그 누가 뭐라 해도, 위에 계신 하늘 아빠는 늘 내 편이 되어 주셨다.

> 너의 하나님 여호와가 너의 가운데에 계시니 그는 구원을 베푸실 전능자이시라 그가 너로 말미암아 기쁨을 이기지 못하시며 너를 잠잠히 사랑하시며 너로 말미암아 즐거이 부르며 기뻐하시리라 하리라_습 3:17

| 중딩의 협박 기도와 방언 |

부산에서 중학교 1학년을 마쳐 갈 즈음, 우리 가족은 구리시로 이사했다. 어머니는 집 근처 버스 정류장에서 노점상을 하셨다. 장사하시던 중 순복음교회 성도에게 전도를 받으셨고, 어머니와 함께 그 교회에 다니게 되었다. 순복음교회는 처음이었다. 그런데 특이한 게 있었다. 주일 예배를 끝나고 오후가 되면 TV 영상으로 조용기 목사님의 설교 방송이 나왔다. 온라인 예배였던 것 같다. 그 당시에는 낯설고 신기한 예배였다. 나는 조용기 목사님이 누구인지 별로 관심이 없었다. 그래서 설교 영상을 제대로 본 적이 없었다. 복도를 오가다 열린 문틈으로 조용기 목사님 얼굴이 보이면 꽤 훌륭한 분인가 보다 하고 생각했을 뿐이다.

순복음교회에는 신기한 것이 또 있었다. 통성 기도를 하면 성도들 대다수가 방언으로 기도했다. 그중에는 어린이와 청소년도 있었다. 장로교회만 다녔던 나에게는 신기한 일이었다. 특히 나보다 어린

동생들이 방언으로 기도하는 것은 꽤 충격적이었다. 신앙생활에서 만큼은 나도 열심이 있다고 자부했는데, 자존심이 상했다. 그래서 나도 방언을 꼭 받고 싶었다.

며칠 고민하다가, 방언을 받기 위해 혼자 버스를 타고 1시간 남짓 걸려서 기도원에 갔다. 어머니와 자주 다니던 기도원이었다. 기도굴로 들어갔다. 성경 찬송을 펴 놓고 예배를 드린 후, 하나님께 간절히 기도했다.

"하나님, 친구들도 방언하고 심지어 동생들도 방언하는데, 저도 방언하게 해 주세요."

"방언 주실 때까지 기도원에서 내려가지 않을 거예요."

북한의 김정은도 무서워한다는 중2의 협박이 통했는지 1시간도 안 되어 혀가 꼬부라지면서 방언이 나왔다.

'이렇게 금방 주시다니…'

빠른 응답에 기분이 좋았다. 나는 신이 나서 방언으로 계속 기도했다. 그런데 내 방언은 조금 이상했다. 교회 동생들은 같은 소리를 반복하는 일명 '라라라' 방언을 했는데, 나는 말로 하는 방언이 나왔다. 마치 원어민이 되어 외국어로 말하는 것 같았다. 그런데 시간이 조금 지나자 방언이 다른 언어로 바뀌었다. 그리고 얼마 후 또 바뀌었다. 그렇게 방언이 세 번 바뀌었다. 신기한 경험이었다. 그래서 방언도 종류가 여러 가지고, 바뀔 수 있다는 사실을 알았다.

집에 온 뒤, 교회에 가면 기도 시간이 기다려졌다. 그리고 통성 기도 시간이 되면 보란 듯이 열심히 방언으로 기도했다. 그래서일까? 그 후로 내 믿음이 자라기 시작했다. 하나님께 소소한 고민도 기도 제목으로 올려드렸다. 그리고 응답하시는 하나님을 경험했다. 그래서 지금도 나는 방언으로 기도하기를 좋아한다.

내가 너희 모든 사람보다 방언을 더 말하므로 하나님께 감사하노라_고
전 14:18

내가 학교 다닐 때만 해도 월요일 아침이면 학교 전체 조회를 했다. 수업을 시작하기 전에 전교생이 운동장에 나왔다. 교장 선생님이 높은 단상에서 훈화 말씀을 하셨는데, 훈화가 길어지면 지루해서 발로 흙장난을 하기도 하고, 눈을 감고 졸기도 했다. 지루한 조회 시간이지만 그래도 기다려지는 순서가 있었다. 시상식이다. 선생님이 시상자를 호명하면 단상에 올라가 교장 선생님께 상을 받았다. 그래서 혹시 내 이름이 불리지는 않을까 기대하곤 했다. 하지만 내 이름이 불린 적은 없었다. 나는 상 받는 친구들이 늘 부러웠다. 그래서 기도했다.

"하나님, 전체 조회 시간에 저도 상장 한번 받아 보고 싶어요!"

상 받는 친구들이 부럽다면서 상장 한번 받게 해 달라고 하나님 아버지께 졸랐다. 하지만 가능성은 그리 커 보이지 않았다. 상장을 받기 위해서는 경시대회나 체육대회 같은 행사가 있을 때 입상해야 했기 때문이다. 또는 성적이 반에서 3등 안에 들어야 우등상이라도 기대해 볼 수 있었다. 그런데 나는 특출나게 잘하는 게 없었고, 성적도 10등 안에 들어가 본 적이 없었다. 그러나 응답 과정은 하나님이 고민하실 문제니까 그냥 기도했다.

하루는 종례 시간에 선생님이 과학의 날을 기념하는 표어를 생각해보고, 포스터를 그려 오라는 숙제를 내 주셨다. 어떤 표어가 좋을지 고민하면서 친구와 함께 교문 밖을 나서려고 하는데, 갑자기 열두 글자로 된 표어가 하나 떠올랐다. 그런데 다소 평범한 느낌이 들었다. 좀 더 세련된 표어를 생각해 보려고 노력했다. 한참을 걸어서 집에 도착했다. 숙제를 하려고 하는데, 그것 외에 떠오르는 표어가 없었다. 결국, 교문 앞에서 떠올랐던 표어를 넣어서 포스터를 그렸고, 다음 날 제출했다.

일주일 정도 지나서 여느 때처럼 월요일 전체 조회 시간이 돌아왔다. 교장 선생님의 훈화가 끝나자, 선생님이 마이크를 잡고 수상자 이름을 부르셨다. 호명된 학생들이 한 명씩 앞으로 뛰어나가기 시작했다. 나는 키가 큰 편이라 뒷줄에 서서 뛰어나가는 친구를 부러워하고 있었다. 그런데 갑자기 내 앞에 줄 서 있던 반 친구들이 몸을 돌려 나를 쳐다보았다.

"미연아, 너 이름 불렀잖아. 빨리 나가!"

운동장의 스피커가 울려서 소리가 분명하게 들리지 않았다. 그래서 무엇 때문에 불렸는지도 모른 채 앞으로 뛰어나갔다.

'무슨 일이지? 설마 상이라도 받게 된 건가?'

앞에 나갔더니 사회를 보시던 선생님이 교장 선생님께서 서 계신 단상 쪽으로 올라가라고 손짓하셨다. 그 순간 숨이 멎는 것 같았다.

'내가 단상에 서다니, 설마 이게 꿈은 아니겠지?'

그렇게 서 보고 싶었던 단상을 향해 계단을 오르는데, 마치 구름 위를 둥둥 떠가는 것처럼 황홀했다. 세 명 중에 나는 두 번째로 교장 선생님께 상장을 받았다. 꿈에 그리던 상장을 받아 들고서 자리로 돌아왔다. 그리고 상장을 펴 보니, 과학의 날 기념 표어 만들기 시상이었다. 같은 반 친구 한 명이 대상을 받았고, 내가 우수상을 받았다. 세상에 이런 일이! 전교생 중에서 내가 2등을 한 것이다! 심지어 부상으로 예쁜 공책도 한 다발 받았다.

교문 밖을 나서기 직전에 떠올랐던 표어는 우연히 떠오른 게 아니였다. 성령님께서 주신 아이디어였다. 몸에 전율이 흘렀다.

'아, 하나님께서 내 기도에 응답해 주셨구나!'

'하나님 아버지, 정말 감사해요!'

교문 앞에서 성령님이 주셨던 표어는 이랬다.

"탐구하는 국민, 발전하는 나라"

성령님이 주신 이 표어는 35년이 지난 지금까지도 생생하다. 아니
잊을 수가 없다. 처음으로 성령님의 음성을 들은 소중한 기억이기
도 하기 때문이다. 성령님은 지금도 그날처럼 당신의 뜻을 알려 주
시곤 하신다. 그러면 잠잠히 경청한다.

"성령님, 말씀하세요. 제가 듣겠습니다."

또 여호와를 기뻐하라 그가 네 마음의 소원을 네게 이루어 주시리로
다_시 37:4

나는 어려서부터 공부하는 것을 좋아했다. 하지만 불안한 가정 환경 때문이었는지 집중력이 매우 약해서 책 한 장 읽고 이해하는 데까지 꽤 긴 시간이 걸렸다. 그래서 친구들보다 공부하는 시간을 더 가지려고 노력했다. 쉬는 시간에도 화장실에 다녀오는 것 외에는 될 수 있으면 앉아서 공부했다. 점심 먹고 친구들이 다 운동장에 놀러 가도 혼자 남아 공부했다. 달력에 휴일이나 명절이 있으면 공부할 시간을 확보할 수 있어서 좋았다. 교회 가는 날 외에는 공부하는 데 시간을 보냈다. 그런데 내 노력만큼 성적이 잘 나오지는 않았다. 성적은 50명 중 12~20등으로 늘 중상위권에 머물렀다. 학원에 가고 싶었지만, 고생하시는 어머니가 안쓰러워서 학원에 보내 달라고 말씀드리지 못했다.

10등 안에 들고 싶었다. 하지만 내 힘으로는 성적을 올리기가 쉽지 않았다. 그래서 하나님의 도움을 받아야겠다고 생각했다. 기도를 들어주시는지 알기 위해서 한 번도 해 보지 않은 불가능한 등수를 적어 놓고 기도했다.

"하나님, 반에서 5등 해 보고 싶어요. 5등을 한다면 하나님께서 도와주

평상시와 마찬가지로 열심히 공부했다. 하지만 기도하는 동안 특별히 집중력이 더 좋아지거나 이해가 잘되지는 않았다.

2학기 중간고사 날이 왔다. 시험지를 받아 보니 의외로 문제가 쉬웠다. 그만큼 내가 아는 문제가 많이 나온 것이다. 국어 문제 중에는 너무 쉬워서 '홑문장'이라는 답을 '홑'만 써서 아깝게 틀리기도 했다. 다른 과목도 전반적으로 문제가 쉽게 출제된 것 같았다. 시험을 마치고 답을 맞혀 보는데, 평균 점수가 90점 이상 나왔다. 너무 기뻤다. 하지만 내가 잘 볼 정도면 공부 잘하는 친구들은 더 잘 보았을 거라는 생각에 큰 기대는 하지 않았다.

얼마 후 중간고사 성적표가 나왔다. 선생님은 성적이 떨어진 친구들이 많다고 하셨다. 선생님께서 번호 순서대로 이름을 부르셨다. 내 차례가 되었다. 갑자기 선생님의 얼굴이 밝아지셨다.

"미연이는 열심히 했구나. 성적이 많이 올랐네!"

자리에 돌아와서 성적표를 펼쳐 보았다. 제일 먼저 반 석차가 적혀 있는 칸을 보았다. 진한 글씨로 숫자 '5'가 쓰여 있었다. 믿을 수 없었다.

'아니, 어떻게 이럴 수가 있지?'

너무 놀랐다. 아니 무서웠다. 5등 하게 해 달라고 기도는 했지만, 하나님이 이렇게 정확하게 응답하실지는 몰랐다. 쉬는 시간이 되자 상위권에 있던 친구들이 나에게 관심을 보이며 말을 걸어오기 시작했다.

"미연아, 너 몇 등 했어?"

"너 어디 학원에 다녀?"

"문제지 어디 걸로 풀어?"

내가 등수를 말하지 않았지만, 상위권 친구들은 서로 등수를 알고 있었다. 그래서 내가 5등 한 것을 눈치챈 것 같았다. 친구들은 성적이 크게 오른 비결을 알고 싶어 했다. 나와 친하게 지내며 같이 공부하고 싶다고 했다. 갑작스러운 관심에 당황스럽기는 했지만, 기분이 나쁘지는 않았다. 아니 속으로는 좋았다. 친구들에게 그때는 말하지 못했지만, 이제는 말할 수 있다.

"얘들아, 미안하지만 나 하늘 아빠 찬스 썼어!"

대저 여호와는 지혜를 주시며 지식과 명철을 그 입에서 내심이며_잠 2:6

| 눈물의 공납금 |

어머니는 내가 결혼하기 전까지 줄곧 노점상을 하셨다. 생계를 위해 한여름 무더위에도 장사하셨고, 한파와 폭설로 길이 얼어붙는 날에도 장사하러 나가셨다. 나는 이런 어머니가 불쌍하면서도 창피했다. 하굣길에 어머니가 수레를 끌고 골목으로 나오는 게 보이면, 친구들이 볼까 봐 다른 골목으로 돌아 간 적도 있다.

어머니는 젊은 나이에도 예쁜 옷을 입고 외출하신 적이 별로 없었다. 늘 일하기 편한 펑퍼짐한 일 바지와 싸구려 슬리퍼를 신고서 일하러 나가셨다. 어쩌다 집에 계시는 날이면 여기저기 아프다고 신음하시며 진통제를 곁에 두고 사셨다.

그래서 나는 일찌감치 철이 들어 버렸다. 국민학교 다닐 때도 예쁜 옷 사 달라는 이야기를 거의 해 본 적이 없다. 친구들이 예쁜 구두를 신고 다니는 게 부러웠지만 참고 말하지 않았다. 그런데 참아도 해결할 수 없던 것이 있었다. 바로 육성회비였다.

나는 학교에서 육성회비 봉투를 줄 때가 가장 싫었다. 고생하는 어머니에게 돈 달라는 소리가 차마 나오지 않았기 때문이다. 그리고 육성회비를 제날짜에 내지 못하면 칠판에 이름이 적히고 서무실에 불려 가곤 했다. 너무 창피하고 싫었다. 그래서 봉투가 나오면 돈을 못 내서 이름이 불릴까 봐 걱정했다. 그런데 중학교에 올라가자 더 큰 돈을 내야 하는 공납금 용지가 나왔다. 공납금 용지가 나올 때마다 한숨이 나왔다.

'이번에는 제날짜에 내야 할 텐데…'

한번은 제날짜에 내고 싶어서 이렇게 기도했다.

"하나님, 엄마가 하는 장사가 잘돼서 공납금을 제날짜에 낼 수 있게 해
주세요."

공납금 용지를 받은 날부터 매일 기도했다. 그런데 납부 기간이 얼
마 남지 않았는데도 어머니가 공납금 내라고 돈을 주지 않으셨다.
날짜가 이틀 앞으로 다가왔다. 걱정이 되긴 했지만 대개 토요일이
면 장사가 잘되었기 때문에 주일날 어머니가 공납금을 주실 것이라
고 믿었다. 드디어 주일 아침이 되었고, 어머니께 여쭈었다.

"엄마, 어제 장사 잘됐어요?"

"아휴, 장사가 잘 안됐어."

어머니의 대답을 듣자마자 크게 실망했다. '장사가 잘됐다'고 하면
내일이 마감날이니 공납금을 달라고 말씀드리려고 했기 때문이다.
그런데 기대와 다른 대답에 속상하고 짜증이 났다.

'하나님은 왜 내 기도를 안 들어주시는 거야!'

중고등부 예배를 드리기 위해 교회에 갔다. 예배를 드리는 데 마음이 기쁘지 않았다. 내일 학교에 가서 칠판에 이름이 적히고 서무실에 불려 갈 생각을 하니 벌써부터 창피하고 걱정이 되었다. 예배가 끝나고 주일마다 하는 노방 전도를 가기 위해 대예배실 쪽 복도로 갔다. 그때 낯선 중년의 여자분이 나를 불렀다.

"애, 네가 혹시 미연이니?"

그 여자분은 자신이 교구 담당 전도사님이라고 하셨다.

"오늘 저녁 예배 시간에 장학금 전달식이 있는데, 미연이 네가 대상자로 뽑혔어. 그러니까 이따 저녁 예배에 꼭 나와야 해. 알았지?"

전도사님의 말씀을 듣는데 눈물이 핑 돌았다.

'하나님께서 내 기도를 듣고 계셨구나!'

나는 울기 위해 교회 밖에 있는 화장실로 뛰어갔다. 아무도 없는 곳에서 소리 내어 울었다. 아침에 짜증을 내며 하나님을 원망했던 내 모습이 부끄럽고 죄송했다. 한편으로는 서러운 마음도 들어 눈물이 멈추지 않았다.

'하나님, 이왕이면 일찍 주시지, 왜 이렇게 사람 마음을 졸이게 하세요….'

저녁 예배 시간이 되었다. 성도님들이 보는 앞에서 장학금을 받았다. 돈이 들어 있는 흰 봉투를 받아 집으로 돌아오는데, 이번에는 감사의 눈물이 흘렀다. 집에 오자마자 어머니에게 달려가 봉투를 보여 드리며 말씀드렸다.

"엄마 내일이 공납금 마감날인데, 하나님이 장학금 주셨어요!"

아무것도 염려하지 말고 다만 모든 일에 기도와 간구로, 너희 구할 것을 감사함으로 하나님께 아뢰라 그리하면 모든 지각에 뛰어난 하나님의 평강이 그리스도 예수 안에서 너희 마음과 생각을 지키시리라_빌 4:6-7

고등학교 2학년이 되었을 때, 나는 교회에서 중고등부 부회장으로 뽑혔다. 부회장이 되면 하고 싶었던 것이 있었다. 중고등부의 분위기를 밝게 만드는 것이다. 한마디로 분위기 메이커가 되고 싶었다.

사춘기 학생들이 모여서 그런지 몰라도 중고등부에는 '끼리끼리 문화'가 있었다. 항상 친한 사람끼리만 아는 척하고, 혼자 오는 학생은 예배가 끝나자마자 조용히 집에 돌아갔다. 학생회 임원 언니 오빠들이라도 아는 척해 주면 좋을 텐데, 보통 그러지 못했다. 그래서 내가 임역원이 된다면 소외되는 선후배가 없도록 분위기 메이커가 되어야겠다고 생각했다.

학생회 임역원은 고2 학생 중에서 보통 남자가 회장, 여자를 부회장으로 뽑았다. 그래서 내가 고2가 되었을 때, 부회장으로 뽑혔다. 부회장으로 임명된 후, 교회의 분위기 메이커가 되려고 노력했다. 항상 밝게 웃으며 인사도 먼저 하고, 선후배들의 얼굴과 이름을 기억하려고 노력했다. 이따금 친하게 지내자며, 예쁜 엽서나 카드를 써서 주기도 했다. 그러면 어색해하면서도 고마워했다.

종종 후배나 제자들을 성인이 되어 우연히 만나게 될 때가 있는데, 내가 써 준 카드나 편지를 간직하고 있다고 했다. 이런 것을 보면 작은 관심의 표현이 누군가에게는 감동이 되고, 평생 잊지 못할 소중한 추억이 되는 것 같다.

나는 교회 안에 소외되는 학생이 없도록 돕는 일도 적극적으로 했다. 한번은 부서 행사로 찬양대회를 하게 되었다. 자율적으로 솔로나 팀을 결성해서 출전하는 형식이었다. 평소 조용히 예배만 드리고 가는 남자 후배 몇 명에게 내가 도와 줄테니 한 팀이 되어 참가해 보라고 권했다. 참고로, 여자 후배들은 이미 챙겨 주는 오빠들이 있었기 때문에 굳이 나까지 관심을 가질 필요가 없었다. 아무튼, 처음에는 당황스러워하고, 싫다고 하면서 도망가기도 했다. 서로 서먹서먹하니 그럴 만도 했다. 그런데 부회장 누나가 계속해서 말을 걸고 관심을 보이니까 싫지는 않았는지 해 보겠다고 했다. 찬양대회가 있는 날까지 나는 후배들이 모여서 찬양 율동 연습을 할 수 있도록 열심히 도와주었다. 매주 만나서 연습하다 보니 어느덧 남자 후배들은 서로 친해졌다. 그 모습을 보니 기분이 좋으면서, 보람도 있었다.

드디어 중고등부 찬양대회 날이 왔다. 내가 도와준 팀을 포함하여 여러 팀이 나와서 발표했다. 모든 순서가 끝나고 선생님이 심사 결과를 발표하셨다. 그런데 내가 도와주었던 후배 팀이 1등을 했다. 후배들과 나는 좋아서 어쩔 줄 몰랐다. 외인 구단처럼 나이와 외모, 성격도 제각각인 후배들이 서로 친해지는 것만으로도 보람이 있다고 생각했는데, 1등을 하다니! 마치 전국노래자랑에서 대상을 탄 것처럼 기뻤다. 그리고 선물로 고급 양장 앨범을 하나 받았다. 후배들은 고맙다면서 나에게 앨범을 선물로 주었다. 그 앨범은 30년이 지난 지금도 우리 집 책장에 꽂혀 있다.

어디를 가나 분위기를 밝게 하는 일은 정말 기분 좋은 일이다. 특히 나는 웃음이 많다. 그래서 쓸데없이 웃는다고 혼날 때도 있었고, 괜한 오해를 받기도 했다. 하지만 내 웃음을 하나님 나라를 밝게 만드는 데 사용했으니 쓸데없지 않다. 화평과 희락의 열매를 많이 맺을 수 있었다. 그래서 나의 약점이 지금은 나의 매력이 되었다.

화평하게 하는 자는 복이 있나니 그들이 하나님의 아들이라 일컬음을 받을 것임이요_마 5:9

내가 순복음교회에서 중고등부 부회장의 임기를 마쳐 갈 때쯤이었다. 하루는 교회에 갔다가 집에 돌아왔는데, 어머니가 집에 계셨다. 얼마 전부터 어머니가 교회를 나가지 않으셔서, 요즘 왜 교회에 가지 않으시냐고 여쭈었다. 그랬더니 이상한 말씀을 하셨다. 우리 교회에 문제가 많다는 이야기를 몇몇 교우분들에게 들으셨다는 것이다. 심지어 순복음이 이단이라는 소리까지 들었다는 것이다. 무슨 문제인지는 모르겠으나 교회가 이단이라는 말을 듣자 겁이 났다.

'우리 교회가 이단이라고?'

과거에 조용기 목사님이 이단 시비로 어려움을 겪으셨던 적이 있었는데, 아마 그 문제의 여파가 조용기 목사님의 제자 목사님이 목회하던 우리 교회에까지 영향을 끼쳤던 것 같다. 교단에 대한 지식이 없던 나는 어머니의 말씀을 듣고 덜컥 겁이 났다. 교리를 잘 알지 못했지만, 이단에 빠지면 절대로 안 된다는 것 정도는 알고 있었기 때문이다. 그날부터 고민이 되었다.

'우리 교회가 이단이라니…'

그 당시 부회장을 하면서 후배들과도 친해졌고, 심지어 내가 전도한 친구도 열심히 교회에 나오고 있었기 때문에 어떻게 해야 할지 정말 고민되었다. 하지만 이단에 빠져서는 안 되니까, 일단 교회를 나와야겠다고 생각했다. 청소년 시절을 거의 다 보내며 신앙을 키웠던 교회를 떠나는 것은 쉽지 않았다. 나를 믿고 좋아해 주던 선후배들을 배신하는 것 같아서 마음이 아팠다. 그래도 이단 교회는 다니면 안 되니까 나로서는 어쩔 수 없었다.

얼마 후, 나는 부회장 임기를 끝내고 정든 순복음교회를 떠났다. 예상대로 친구들과 선후배들이 나로 인해 상처를 받았다. 교회가 이단이라서 떠난다고 이야기를 할 수 없었기 때문에 나를 이해하지 못해 실망과 상처가 더 컸을 것이다. 나도 교회를 떠난 후, 몇 주 동안은 친구와 선후배들이 보고 싶어서 교회 건물이 보이는 근처 골목을 배회하며 울다 돌아가곤 했다.

순복음교회를 떠난 후, 어느 교회로 가야 할지 고민이 되었다. 그때 떠오르는 친구가 한 명 있었다. 학교 반 친구 중에 늘 새 친구 초청 카드를 열심히 돌리던 친구가 있었다. 나도 교회에 열심히 다녔지만, 그 친구가 학교에서도 열심히 전도하는 모습을 보며 대단하다고 생각하곤 했다. 나는 그 친구에게 전화를 걸었다.

"네가 다니는 교회는 어디 있는 거니?"

친구는 구리시장 안에 있는 장로교회라고 했다. 친구에게 이것저것을 물어보고 건전한 교회임을 확인한 다음, 주일에 만나서 친구가 다니는 교회에 함께 가 보기로 했다.

친구를 만나 교회에 가 보니 교회가 상당히 컸다. 교인 수가 천 명이 넘는다고 했다. 대형 교회는 처음이라서 그런지 교회 분위기도 크게 달랐다. 예배당도 크고, 학교에 와 있는 것처럼 학생 수도 많았다. 그러다 보니 예전 교회처럼 관심받는다는 느낌은 받지 못했다.

장로교회에 온 지 얼마 안 되었을 때, 지금까지도 잊히지 않는 일이 있었다. 성탄절을 맞이해서 고등부 부장 선생님이 초콜릿을 선물로 준다고 하셨다. 예배가 끝나고 나도 초콜릿을 받기 위해 부장 선생님이 계시는 출입구로 갔다. 그런데 부장 선생님은 초콜릿 한 개가 아니라 한 상자를 주셨다. 태어나서 초콜릿 한 상자를 간식으로 받아 본 적은 처음이었다. '교회가 커서 그런지 선물 스케일도 다르구나!' 하면서 충격을 받았다. 하지만 간식 선물이 아무리 풍족해도 떠나온 교회에 대한 그리움은 그 무엇으로도 채울 수가 없었다.

내가 너와 함께 있어 네가 어디로 가든지 너를 지키며 너를 이끌어 이 땅으로 돌아오게 할지라 내가 네게 허락한 것을 다 이루기까지 너를 떠 나지 아니하리라 하신지라_창 28:15

| 여고 밴드부에 들어갔지만 |

나는 어릴 때부터 악기에도 관심이 많았다. 교회에서 피아노와 통 기타를 치며 찬양하는 분들이 멋있고 부러웠다. 하지만 집안 형편 이 좋지 않아 피아노 학원에 보내 달라는 말 한 번을 해 보지 못했 고, 중3 때인가 용돈을 모아서 통기타를 산 뒤 통기타 교본을 보며 독학으로 기타를 배웠다.

내가 입학한 고등학교에는 멋진 밴드부가 있었다. 여중, 여고가 한 운동장을 사용하는 학교였기 때문에 중학교에 다닐 때부터 여고에 밴드부가 있다는 걸 알고 있었다. 전체 조회 시간에 연주하는 밴드 부의 합주가 너무 멋있어 보였다. 그중에서도 플롯 연주자가 너무 멋있어서, 나는 플롯을 배우고 싶었다.

기다리던 동아리 모집 기간이 오자마자 나는 밴드부에 지원했다.
예상대로 지원자가 많았다. 특히 플롯은 인기가 가장 많았다. 한 명
뽑는데 여러 명이 지원했고, 덕분에 아쉽지만 나도 떨어지게 되었
다. 즉석에서 2지망, 3지망으로 지원한 클라리넷, 드럼까지 모두 떨
어지게 되었다. 모두 악기를 불어 보는 1차 테스트에는 통과했는데,

선배들의 선택을 받지 못해서 떨어졌다. 테스트에 합격하고도 번번히 떨어뜨려 미안했는지 어떤 선배가 아무도 지원하지 않은 베이스 관악기가 있는데 그거라도 하겠냐고 물었다. 악기를 보여 주는데 정말 컸다. 예쁜 플롯을 생각하고 왔다가 큰 베이스 악기를 보니 실망스러웠다. 하지만 선택의 여지가 없었다. 그래서 나와 다른 반 친구 한 명이 수자폰과 튜바라고 하는 관악기를 맡게 되었다.

처음 접해 보는 관악기였지만, 연주해 볼수록 소리가 웅장하고 멋있어서 좋았다. 학교에는 악기를 다룰 줄 아는 선배가 없어서 졸업한 선배가 퇴근 후 학교로 와서 알려 주었다. 그런 가운데도 나와 친구는 서로를 의지하며 열심히 연습했고, 합주도 잘했다. 시간이 지나면서 선배들에게 인정을 받게 되었다. 그러자 한 선배가 내가 떨어진 이유를 솔직하게 말해 주었다. 그런데 그 이유가 다름 아닌 공부를 잘해서'라는 것이었다.

내가 입학할 당시, 학교에 '우열반'이라는 게 처음 생겼다. 고교 입학 시험 성적순으로 반을 나눴는데, 시험 성적이 좋아서 1학년 1반에 배정되었다. 그 사실을 알고 있던 선배들이 공부를 잘하면 선배 말을 잘 듣지 않고, 나중에 공부한다고 밴드부 활동을 그만두는 경우가 있어서 뽑지 않았다는 것이다. 그 이야기를 듣는데 너무 속상했다. 열심히 공부한 것이 잘못이라니…. 이해가 되지 않았지만, 나는 밴드부에서 활동하는 것만으로도 만족했다.

그런데 내가 몰랐던 것이 있었다. 밴드부에는 그 당시 '행사'라고 불리는 일종의 후배들 군기 잡는 일이 종종 있었다. 그러면 1학년은 벌을 서거나 선배들에게 매를 맞기도 했다. 폭력적인 아버지도 싫은데, 학교에서 선배들의 폭력을 마주하려니 무섭고 싫었다. 밴드부를 나가고 싶었지만, 선배들이 무서워서 마음대로 할 수 없었다. 그런데 고2 때 밴드부에 문제가 생기는 바람에, 밴드부에 남아 있을지 아니면 나갈지 선택할 기회를 주었다. 나는 공부를 하기 위해 밴드부를 나가겠다고 했다. 그렇게 밴드부를 나가게 되었다. 그런데 막상 밴드부에서 탈퇴하고 나니 또 다른 문제가 생겼다. 그동안 밴드부 활동으로 인해 성적이 크게 떨어져서 공부하기가 정말 쉽지 않았다. 밴드부를 그만두어서 악기로 대학에 들어갈 수도 없었다. 나는 그렇게 두 마리 토끼를 다 놓치게 되어 버렸다.

사람이 마음으로 자기의 길을 계획할지라도 그의 걸음을 인도하시는 이는 여호와시니라_잠 16:9

고3이 되었을 때, '학력고사'가 폐지되고 '대학수학능력시험'이 처음 도입되었다. 모의고사를 보기 전까지만 해도 나는 입시 제도가 크게 바뀌었다는 사실을 인지하지 못했다. 입시가 바뀌어도 그저 공부만 열심히 하면 된다고 생각했다. 그런데 첫 모의고사를 보고는 충격을 받았다. 학력고사와는 완전히 다른 방식이어서 성적이 크게 떨어졌다. 성적이 떨어진 원인 중의 하나는 고등학교 입학과 동시에 시작한 밴드부 동아리 활동의 영향도 컸다.

어느덧, 수능 시험 날이 다가왔다. 수능이 도입된 첫해라 여름과 가을, 두 번의 수능 시험을 치렀다. 1차에 비해 2차 시험이 어려웠다고 하는데 나는 2차 시험에서 점수가 올랐다. 하지만 1차 시험에서 잘 본 학생이 많았기에 큰 영향은 없었다.

대학교에 입학 원서를 쓰는 기간이 왔다. 마음으로는 총신대학교에 가고 싶었다. 아버지가 목회에 실패하긴 했지만, 사랑하는 하나님에 대해 배우고 싶었기 때문이다. 하지만 막상 원서 쓸 날이 다가오자 현실적인 고민을 하게 되었다. 수능 성적이 부진하기도 했지만, 신학교를 나와서 어떤 직업을 가질 수 있을지부터 시작해서, 우리 집 형편에 4년제 대학 등록금을 감당할 수 있을지도 의문이었다. 그렇다고 교역자가 되고 싶지는 않았기 때문에 졸업 후 진로에 도움이 되는 쪽으로 선택해야겠다는 생각이 들었다.

고민 끝에, 요리 관련 학과에 지원해야겠다고 생각했다. 그래서 서울에 있는 요리 관련 학과가 있는 전문 대학교에 원서를 넣으려고 했다. 담임 선생님도 내 성적으로는 충분히 갈 수 있다고 하셨다. 하지만 줄곧 음식 장사만 하신 어머니가 너도 엄마처럼 평생 고생하려고 그러냐면서 반대하셨다. 가고 싶은 학과가 거기 말고는 딱히 없었는데, 어머니가 반대하시니 대학교에 가고 싶은 생각마저 사라졌다.

그래도 대학교 입학 원서조차 한 번 써 보지 않으면 평생 아쉬울 것 같아 서울에 있는 전문대에 원서를 넣었다. 그러나 내 길이 아니라서 그랬는지, 평소보다 매우 많은 지원자가 몰리면서 아쉽게도 떨어지게 되었다. 담임 선생님은 나보다 성적이 안 좋은 친구들도 4년제 대학교에 합격했으니 다른 학교에 넣어 보자고 하셨지만, 나는 굳이 그러고 싶지 않았다. 집안 형편이 어렵기도 했고, 대학 진학에 대한 필요성을 못 느꼈기 때문이다. 나는 대학 진학을 포기하고, 아르바이트를 하면서 사회생활을 시작하였다.

| 나의 이상형 |

나는 어려서부터 결혼을 빨리 하고 싶었다. 불안한 가정 환경이 싫었고, 먹고 사느라 바쁘신 부모님께 관심과 사랑을 충분히 받지 못하다 보니 늘 외로웠다. 이 두 가지를 충족할 수 있는 길은 나를 사랑해 주는 남자를 만나 결혼해서 집을 떠나는 것이었다. 가출을 생각해 본 적도 있었지만, 이 험악한 세상에서 혼자 살아갈 자신이 없었기에 25살이 되기 전에 5월의 신부가 되어 결혼하는 것이 나의 꿈이고 기도 제목이었다.

나는 구체적으로 이상형에 대해 기도했다. 누가 뭐라고 해도 아버지와 반대인 남자를 만나고 싶었다. 술·담배 하지 않고 폭력적이지 않은 사람, 평범하게 직장 다니며 남들 놀 때 놀고, 성실하게 월급 받으면서 안정적인 가정을 꾸려갈 수 있는 사람을 만나고 싶었다.

그렇다고 불신자를 원하는 것은 아니었다. 다만 아버지가 목회자의 길을 가려다가 실패했던 만큼 목회자나 선교사의 비전이 있는 사람은 절대로 만나고 싶지 않았다.

스무 살이 되어 청년부에 올라가게 되었다. 내가 다니던 교회는 구리시에서 대형 교회에 속했다. 청년부도 나이에 따라 1, 2 청년부로 나뉘어 있을 정도로 사람이 많았다. 하지만 나는 고3 때 이 교회에 왔기 때문에 동기 빼고는 청년부에 아는 선배들이 없었다. 처음에는 서먹서먹했지만, 예배와 행사에 열심히 참석하게 되면서 점점 선배들과 친해지게 되었다.

청년부에는 신앙 좋고, 멋있는 선배들이 많이 있었다. 하지만 내가 원하는 조건에 하나라도 해당이 되지 않으면, 요즘 말로 철벽을 쳤다. 신앙이 아무리 좋아도 신학생이거나 선교에 비전이 있다고 하면 마음을 닫았다. 그 반대의 경우에도 마찬가지였다. 한동안 친오빠의 친구와 군대 선임에게 편지가 오기도 했고, 나를 만나러 집에 찾아오는 일들도 있었다. 아버지도 부잣집 친구 아들을 소개해 줄 테니 만나 보라고 하기도 하셨다. 하지만 모두 믿음이 없었기 때문에 눈길도 주지 않았다.

그러는 사이 청년부에 닭살 커플이 하나, 둘 생기기 시작했다. 안 그래도 외로운데, 예쁘게 연애하는 언니 오빠들을 보니 너무 부러웠다. 그래서 조건에 맞는 사람을 빨리 만나게 해 달라고 간절히 기도하면서, 내년 봄 '성년의 날'에는 꼭 좋은 사람을 만나서 연애하리라고 하는 의지를 불태웠다.

해가 바뀌었고, 겨울바람이 아직 차갑게만 느껴지던 이른 봄. 드디어 그토록 기도하던 이상형에 가까운 사람이 나타났다. 상대는 2청년부 회장 오빠였다. 나는 1청년부였기에 오빠에 대해 잘 몰랐지만, 회장님이라 믿음도 좋아 보였고, 안정적인 직장에 취업한 상태였다.

리브가를 불러 그에게 이르되 네가 이 사람과 함께 가려느냐 그가
대답하되 가겠나이다_창 24:58

| 전봇대와 교회 오빠 |

청년부에 올라온 지 1년이 다 되어 갈 즈음 교회에서 '구리시 기독교 청년 연합회'(이하 '구기청') 예배가 있다는 광고를 듣게 되었다. 예배 장소가 내가 예전에 다녔던 순복음교회라고 하길래, 오랜만에

그리웠던 교회도 가 볼 겸 해서 처음으로 구기청 연합 예배에 참석하게 되었다. 생각보다 적은 수의 청년들이 모여서 예배를 드렸다. 예배가 끝나자 임역원을 선출한다고 했다. 회장은 총무로 있던 형제님이 이어서 맡게 되었고, 새로운 총무는 우리 교회 2청년부 회장으로 있던 오빠가 맡게 되었다. 사람이 적었던 관계로 나도 역원으로 선출되어 발송서기를 맡게 되었다. 구기청에서 같은 교회에 다니는 오빠를 만나게 되니 반가웠다. 하지만 나는 오빠에 대해 아는 것이 적었다. 나는 1청년부이고, 오빠는 2청년부였기 때문에 한 달에 한 번 1, 2청년부 연합 예배가 있을 때 외에는 만나기가 어려웠다.

3월쯤 되었을 때, 총무 오빠에게서 연락이 왔다. 해마다 '구리시 기독교 연합회'(이하 구기연)에서 연합 예배를 드리는데, 구기청에서 그 행사 홍보를 도와야 한다고 했다. 오빠는 나에게 토요일에 나와서 도와줄 수 있냐고 물었다. 당시 나는 구리시청 민원실에서 계약직으로 일하고 있었기에 토요일 오후부터는 시간이 자유로웠다. 그래서 홍보를 도와주기로 하고, 토요일마다 오빠와 함께 구리시에 있는 200여 교회에 찾아가 구기연 포스터를 전달하거나 직접 게시했다. 홍보 활동을 마치는 날, 오빠가 수고했다면서 차를 한 잔 사 주겠다고 했다. 나는 청년부에서 자주 가던 카페에 갈 것으로 생각하고, 그러자고 했다. 그런데 오빠는 자가용을 타고서 뜬금없이 한강에 있는 근사한 카페로 나를 데리고 갔다. 잠시 망설이는 듯하더니 나에게 남자 친구가 있냐고 물었다. 없다고 대답했더니 빙긋이 웃었다. 그렇게 차를 마신 후, 집에 돌아왔는데 기분이 이상했다.

얼마 후, 구기연 행사가 있는 날이 돌아왔다. 장소는 한 초등학교 강당이었다. 예배가 시작하기 전 오빠가 어디선가 큰 현수막을 가지고 왔다. 그리고는 학교 정문 앞에 있는 전봇대에 올라가더니 현수막에 있는 끈을 거침없이 전봇대에 묶기 시작했다. 나는 쳐다만 봐도 무서운데 용감하게 올라가서 일하는 오빠를 보니 멋있어 보였다. 이런 내 마음이 통하기라도 했는지, 일하던 오빠가 갑자기 나를 쳐다보았다. 눈이 마주치자 나는 부끄러워서 재빨리 다른 곳을 보았다.

현수막을 달고 내려온 오빠는 이제 예배드리러 가자면서 먼저 강당 안으로 들어갔다. 뒤따라가던 나는 오빠가 보이지 않아서 두리번거렸다. 내가 보이지 않자 오빠도 나를 찾는지 두리번거리다가 다시 눈이 마주치게 되었다. 이날부터 내 머릿속에는 전봇대 위에서 현수막을 달던 오빠의 멋진 모습이 떠나질 않았다.

연합회 행사를 마치고 얼마 지나지나 않아 '성년의 날'이 다가왔다. 나의 로망이었던 성년의 날에 꽃과 향수를 받을 수 있을까 설레기 시작했다. 토요일이라 일찍 퇴근하여 집에 왔더니 전화벨이 울렸다. 오빠였다. 오빠가 성년의 날을 축하해 주겠다고 나오라고 했다. 오빠는 저녁에 근사한 곳에서 피자도 사 주고, 꽃 바구니와 향수를 선물로 주었다. 그날 얼마나 기분이 좋았는지 모른다. 나의 로망이 이루어진 것이다.

나중에 알게 된 사실인데, 내가 오빠를 만나러 나간 사이 집으로 나를 찾는 전화가 여러 번 왔고, 집에 다녀간 형제님도 있었다고 했다. 이것을 운명적인 만남이라고 해야 할까? 연애도 이제 내 뜻대로 되어 가는 것을 느끼면서, 나는 핑크빛 행복을 꿈꾸게 되었다.

현수막을 달던 교회 오빠는 30년 가까이 흐른 지금도 열심히 현수막을 달고 있다. 바로 우리 한빛교회의 현수막이다. 지금은 전봇대 대신에 사다리에 올라가서 달고 있다. 이런 오빠, 아니 남편의 모습을 지켜볼 때면, 종종 그날의 일이 떠오르며 마음이 설레곤 한다. 남편은 그때나 지금이나 여전히 내게는 '멋있는 교회 오빠'이다.

나의 사랑하는 자가 내게 말하여 이르기를 나의 사랑, 내 어여쁜 자야
일어나서 함께 가자_아 2:10

| 궁합 때문에 죽을 운명이라면 |

남편은 손 기술이 좋다. 필요한 게 있으면 뚝딱뚝딱 잘 만들고, 잘 고친다. 이러한 남편의 장점을 제대로 알게 된 것은 교회를 개척하고 나서다. 웬만한 교회 시설 관리와 공사는 남편이 척척 알아서 할 정도로 탁월하다. 페이스북 친구나 구독자분들을 만나면 '금 손', '맥가이버 사부님'으로 통할 정도이다. 이제 남편 없는 한빛교회는 생각할 수도 없을 만큼, 남편은 목회에 큰 힘이 되고 있다. 이렇게 좋은 남편이지만, 우리도 헤어질 위기가 있었다.

내가 21살이었을 때, 남편은 28살이었다. 나이 많은 교회 오빠와 연애하기 시작하자 집에서 난리가 났다. 나보다 두 살 많은 친오빠는 동생이 먼저 연애하는 법이 어디 있냐고 심술을 부렸다. 아버지는 하나뿐인 사위와 술 한 잔 못 하게 생겼다고 아쉬워하셨다. 어머니

는 딸이 좋다고 하니까 반대는 하지 않으셨지만, 적극적으로 밀어주지도 않으셨다. 나는 너무 속이 상했다. 태어나 처음 해 보는 연애였는데, 가족 중에 환영해 주는 사람이 한 명도 없었다.

'오빠와 사귀는 게 잘못된 결정일까?' 고민하고 있는데, 시골에서 큰아버지가 다녀가셨다. 큰아버지는 고향에서 사주와 궁합을 잘 봐주시는 걸로 유명하셨다. 외출했다가 집에 돌아가니 부모님이 오빠와 당장 헤어지라고 하셨다. 그렇다. 큰아버지가 우리 둘의 궁합을 보신 것이다. 남편은 원숭이띠고 나는 토끼띠인데 둘이 상극이라면서, 결혼해도 둘 중 한 사람이 빨리 죽거나 자식이 심각한 장애를 가지고 태어난다며 큰아버지가 말리라고 하셨다는 것이다.

나는 이 당시만 해도 신문에 나오는 오늘의 운세를 재미 삼아 보곤 했다. 사주나 궁합을 보는 것이 하나님께서 금하신 것이라는 사실을 알지 못했다. 비록 사주팔자가 하나님의 자녀에게는 큰 문제가 되지 않을 것이라는 생각은 있었지만, 막상 좋지 않은 말을 들으니 괜히 불안해지기 시작했다. 혼자 고민하다가 결국 서로의 행복을 위해 헤어지는 게 좋겠다고 생각했다. 또 한편으로는 가족에게 더 이상 시달리고 싶지 않은 마음도 있었다. 그러나 막상 헤어질 생각을 하니 슬퍼서 눈물이 많이 났다. 태어나서 처음 좋아해 본 사람이라 더 그랬던 것 같다.

이별 통보를 하기 위해 오빠를 만났다. 아무것도 모르는 오빠는 내가 좋아하는 드라이브를 시켜 준다고 형님 차를 빌려 왔다. 함께 자가용을 타고 수목원으로 갔다. 산책을 마칠 때쯤 나는 헤어지자고 말했다. 오빠가 놀라서 왜 그러냐고 물었다. 망설이다가 궁합 이야기를 했다.

> "결혼하면 둘 중에 한 사람이 죽는데요. 자식을 낳아도 심각한 장애를 가지고 태어난다고 하고…."

내 말을 듣던 오빠가 갑자기 화를 내기 시작했다.

> "다른 문제도 아니고, 교회에 다니는 네가 어떻게 궁합 때문에 헤어진 다고 말하니?"

오빠는 차에 타라고 하고서는 이내 빠른 속도로 달리기 시작했다.

"궁합 때문에 죽을 운명이라면 그냥 오늘 같이 죽자!"

오빠의 화난 모습에 나는 크게 당황했고, 속도가 올라가자 무슨 일이 생길 것만 같았다. 나는 잘못했으니 그만 속도를 줄이라고 했다. 다음부터는 궁합이나 사주 이야기를 하지 않겠다고 약속했다. 그제야 오빠는 속도도 줄이고 화도 풀었다.

지금 생각하면 웃음이 나온다. 궁합 때문에 헤어지려고 했다니⋯. 어려서부터 교회를 다니긴 했지만, 하나님을 아는 지식이 부족하다 보니 이런 일이 생긴 것이다. 다행히 남편이 나이만 많았던 게 아니라 믿음도 성숙해서 나의 잘못된 생각을 바로잡아 줄 수 있었다. 가끔 남편에게 이 사건을 이야기하면, "그때 붙잡지 말았어야 했어"라고 하면서 웃는다. 그러면 나도 "왜 그때 나를 붙잡아서 서로 고생하게 만들었어요?" 하며 같이 웃는다. 결혼하면 금방 과부가 된다고 했는데, 남편이 몸 관리를 얼마나 잘하는지 주님 오실 때까지 살 것 같다.

참고로, 연애를 반대하셨던 친정아버지는 내가 언제 사위를 반대했냐고, 그런 적이 없다고 하신다. 그리고 몇 년 전 돌아가신 친정어머니는 늘 사위가 최고라고 하셨다. 내가 먼저 연애한다고 심술부리던 친오빠는 비슷한 시기에 내가 연결해 준 교회 언니를 만나 나보다 먼저 결혼해서 잘살고 있다.

> 너희는 신접한 자와 박수를 믿지 말며 그들을 추종하여 스스로 더럽히지 말라 나는 너희 하나님 여호와이니라_레 19:31

| 스포츠에 진심인 남편 |

나는 이상형에 가까운 교회 오빠를 만나 3년간 연애하고서, 내가 그토록 원하던 대로 25살이 되기 전에 결혼하여 5월의 신부가 되었다. 그리고 결혼 후, 서울에 있는 남편 직장 근처에 신혼살림을 차리게 되었다. 비록 작은 방 두 칸에 소박한 살림이었지만, 이제 내 바람대로, 내 계획대로 행복해지리라 생각했다. 그러나 이것이 내 착각이었음을 깨닫게 되는 데 그리 오래 걸리지 않았다. 남편이 나 말고도 진심으로 좋아하는 것이 있었기 때문이었다. 그것은 바로 스포츠였다.

남편은 공 종류는 다 좋아했다. 축구공, 골프공, 야구공, 테니스공⋯. 웬만한 구기 종목의 스포츠는 다 좋아했다. 교회에 가는 시간 외에는 운동하러 다니는 것을 좋아했다. 운동도 잘하는 편이어서 직장에서 열리는 축구나 테니스 같은 운동 대회에 직접 선수로 참가하여 상도 타오곤 할 정도였다.

그런데 이게 전부가 아니었다. 스포츠 방송을 보는 것도 좋아해서 집에 오면 리모컨부터 찾았다. 스포츠 중계방송을 틀어 놓고, 눈으로는 스포츠 신문을 가져와 읽었다. 해외파 선수들에 대한 관심도 대단해서 박찬호 선수의 메이저리그나 박세리 선수의 골프 생중계가 있는 날은 알람을 맞춰 놓고 새벽에 일어나 방송을 보다 출근하기도 했다. 남편은 스포츠를 진심으로 좋아했다.

남편과 달리 나는 스포츠에 관심이 전혀 없었다. 올림픽이나 월드컵이 열리면 잠시 애국심이 생겨서 대한민국을 외치며 응원하는 정도였다. 그러니 이런 남편의 행동이 도무지 이해되지 않았다. 연애할 때도 함께 식당에 가면 음식이 나올 때까지 스포츠 신문을 볼 때가 있었다. 자주 만나지도 못하는데 데이트하면서 대화 대신 신문만 들여다보는 남편에게 마음이 상할 때도 있었다. 하지만 할 말이 없어서 그런 줄 알고 참곤 했다. 그런데 그게 원래의 자기 모습이었다니…. 요즘 말로 현타가 왔다. 남편을 무조건 좋게만 보려고 했던 나 자신이 원망스러웠다. 전혀 생각지도 못했던 문제로 인해 남편과 나 사이에 갈등이 생기기 시작했다.

한번은 이런 일도 있었다. 첫째를 임신하고 입덧 때문에 저녁 밥상을 차리기 힘든 날이 있었다. 퇴근 시간이 되어 남편에게 전화를 걸었다.

"오빠, 나 속이 안 좋아서 저녁밥을 못 하겠어. 어떡하지?"

"그래? 그러면 나 직장에서 밥 먹고, 운동하고 들어갈게."

남편은 그렇게 말하고서 전화를 급하게 끊었다. 나는 속으로 남편이 '힘든데 같이 외식이라도 할까?'라고 하면서 걱정해 줄 줄 알았는데, 남편의 뜻밖의 대답에 속이 상했다. 취미로 한두 가지 운동을 좋아할 수는 있는데, 너무 지나치다는 생각이 들었다. 외롭지 않으려고 결혼했는데 더 외로워지기 시작했다. 아기를 낳은 후로는 산후 우울증까지 더해졌다. 남편은 총각 때랑 변한 게 하나도 없고, 나만 힘든 것 같았다. 어느덧 내 마음에는 하나님을 사랑하던 마음 대신 남편에 대한 원망과 불평이 자리 잡기 시작했다.

네 헛된 평생의 모든 날 곧 하나님이 해 아래에서 네게 주신 모든 헛된

날에 네가 사랑하는 아내와 함께 즐겁게 살지어다 그것이 네가 평생에

해 아래에서 수고하고 얻은 네 몫이니라_전 9:9

| 보험 판매 여왕 |

첫째가 태어난 지 10개월 되어 갈 무렵이었다. 아이를 데리고 동네 소아과에서 진료를 받고서 엘리베이터를 탔는데, 같이 탄 중년의 여자분이 아기가 이쁘다면서 말을 걸어왔다. 이 건물에 K생명보험 회사가 있는데, 교육받으러 오면 교육비와 선물을 준다면서 기분 전환도 할 겸 한 번만 와 보라고 했다. 그러면서 우리 집 전화번호를 적어 갔다. 그 후로 보험 설계사님에게 계속 연락이 왔다. 독박 육아 로 힘들고 우울하던 차에 계속 연락이 오자, 기분 전환 삼아 가 보 게 되었다. 그런데 교육이 생각보다 유익하고 재밌었다. 교육을 받 는 동안 설계사님이 아기도 봐 주셔서 오랜만에 자유 시간도 가질 수 있었다. 교육을 마친 후에 선물과 교육비도 받으니 보람도 있었 다. 그것이 계기가 되어 보험 설계사로 일하게 되었다. 일하기 시작 하면서 아이를 어린이집에 보내고 내 시간을 가지게 되니, 우울증 도 사라지고 남편과의 사이도 점점 좋아지게 되었다. 내 뜻대로 다

시 행복해지는 것 같아서 좋았다.

하지만 또 다른 스트레스가 나를 기다리고 있었다. 교육받을 때는 즐거웠는데, 매달 영업 실적을 올리는 일이 여간 스트레스가 아니었다. 당시만 해도 설계사님의 대부분이 연고를 기반으로 하여 일하시는 중년 이상의 어머니뻘 되시는 분들이셨다. 그런데 나이도 어리고 아기까지 있는 내가 매달 실적을 올리기에는 그분들에 비해 약점이 많았다. 하지만 오랜만에 시작하게 된 사회생활이 너무 즐거워서 쉽게 포기하고 싶지 않았다. 회사에서 배운 대로 상가 등을 다니며 개척 영업을 시작했다. 나중에는 전문성을 살리고자 대학병원, 검찰청과 변호사 사무실이 있는 곳에 다니며 활동했다. 수없이 많은 거절과 문전 박대를 당하면서 힘들 때도 많았지만, 그럴수록 어린이집에 있는 아들을 생각하면서 더 열심히 일했다.

그런데 일하는 동안 내가 꼭 한번 해 보고 싶은 게 있었다. 보험 판매 여왕이었다. 그 당시 회사는 서울에는 구 단위로 지점이 하나씩 있고, 지점에는 동 단위의 영업소가 모여 있었다. 지점은 설계사들을 독려하고자 매달 판매 가입 건수와 보험료 누계 두 가지로 나누어 영업 실적이 가장 좋은 설계사를 시상하곤 했다. 매달 시상식을 지켜보면서 나도 보험 판매 여왕을 해 보고 싶다는 마음이 늘 있었다. 중학교 때 하나님께 기도해서 상을 타 본 경험이 있었기 때문에, 그 기억을 되살려 상을 타 보고 싶다고 하나님께 기도했다.

그러던 중 정말 믿어지지 않는 일이 나에게 일어났다. 개척하던 곳과 연고, 양쪽에서 계약이 봇물 터지듯 터지면서 최다 건수를 계약하게 되었다. 마침내 그토록 해 보고 싶었던 지점 보험 판매 여왕을 하게 되었다. 얼마나 기뻤는지 모른다. '하나님께서 나를 도와주시는구나!'라는 생각이 들면서, 지금보다 더 멋지게 성공할 내 모습을 꿈꾸게 되었다.

하지만 세상에서의 성공은 딱 거기까지였다. 독자들도 알고 있는 사실이지만, 주님 뜻은 내가 세상에서 성공하는 데 있지 않았다.

성경에는 나와 비슷한 경험을 한 사람이 한 명 있다. 시몬 베드로다. 베드로는 물고기 한 마리 잡지 못한 채 빈 배로 돌아왔다. 그가 예수님을 만났고, 다시 깊은 곳에 가서 그물을 던졌다. 그리고 어부의 평생 꿈이었을 만선의 기쁨을 맛보았다. 하지만 베드로는 내일도, 다음 날도 만선의 기쁨을 맛보리라 기대하며 바다로 나가지 않았다.

그는 세상이라는 바다로 나가 사람을 낚는 어부가 되었다. 그러나 어리석게도 나는 베드로처럼 지혜롭지 못했다.

> 말씀을 마치시고 시몬에게 이르시되 깊은 데로 가서 그물을 내려 고기를 잡으라 시몬이 대답하여 이르되 선생님 우리들이 밤이 새도록 수고하였으되 잡은 것이 없지마는 말씀에 의지하여 내가 그물을 내리리이다 하고 그렇게 하니 고기를 잡은 것이 심히 많아 그물이 찢어지는지라 이에 다른 배에 있는 동무들에게 손짓하여 와서 도와 달라 하니 그들이 와서 두 배에 채우매 잠기게 되었더라 시몬 베드로가 이를 보고 예수의 무릎 아래에 엎드려 이르되 주여 나를 떠나소서 나는 죄인이로소이다 하니_눅 5:4-8

| 고졸인 내가 법대생에게 강의를?! |

열심히 일했지만, 계약 실적의 부진으로 3년 만에 K생명을 떠나 S화재로 이직하였다. S화재는 기존 생명 보험 상품에 추가로 자동차 보험이나 건물 화재 보험같이 다양한 보험을 취급할 수 있어서 계약 실적을 올리는 데 유리하다고 생각했다. 새로운 마음으로 성공을 향한 뜻을 품었다.

이직하기 전까지 나는 회사에서 제공하는 다양한 교육을 많이 받았다. 젊음을 무기로 새로운 교육이 있으면 가장 먼저 지원하여 받았다. 그래서 외국계 보험인 종신 보험과 변액 보험이 처음 나왔을 때도 그 어렵다는 시험을 한 번에 다 통과하여 판매 자격증을 갖게 되었다.

하지만 그것으로도 만족하지 않았다. 어느 날 남자 동료 설계사님으로부터 국제적으로 인정받는 재무설계사 자격증인 AFPK(ASSOCIATE FINANCIAL PLANNER KOREA)가 있다는 사실을 알게 되어, 그 동료 설계사님과 고액의 수업료를 내고서 학원까지 다니며 AFPK 자격증을 취득하기도 했다. 이 자격증은 당시 한국에서 가지고 있는 사람이 많지 않았기 때문에, 취득하고 나서 얼마나 자랑스러웠는지 모른다. 이렇게 남들보다 열심히 공부해서 자격증을 취득하고 경력을 쌓다 보면, 언젠가 보란 듯이 성공할 것이라는 막연한 기대를 하고 있었다.

차별화된 자격증에 힘입어 나는 일반적인 설계사들이 상대하기 어려워하는 사립 학교 선생님이나 교수와 의사, 변호사 같은 전문 직종에 있는 사람들을 대상으로 개척 영업을 했다. 한번은 서울에 있는 유명 대학 교수실에 매주 홍보하러 나가던 중 교수님 한 분이 나에게 보험과 관련해서 질문을 하셨다. 그분은 법대 교수님이셨는데, 내가 AFPK 자격증이 있다고 하자 흥미로우셨는지 그 자격증에 대해 계속 물어보셨다. 그리고는 법학과 학부생들에게 AFPK 자격증과 관련해서 강의해 줄 수 있겠냐고 물어보셨다. 고등학교밖에 안 나온 나에게 법대생을 대상으로 강의를 해 달라니…. 심장이 마구 뛰었다. 어쨌든 좋은 기회이니 하겠다고 말씀드리고 강의 준비를 했다. 그때 내 나이가 30세였다.

드디어 강의하는 날이 왔다. 자격증이 들어 있는 고급 액자도 실물로 보여 주기 위해 학교에 가지고 갔다. 떨리는 마음을 달래며 처음으로 대학 강단에 학생이 아닌 강사로 서게 되었다. 20대 초중반의 대학생들이 가득 앉아 있었다. 나는 그동안 보험 회사의 경험과 지식을 총동원하여 칠판에 써 가면서 한 시간 동안 열강하였다.

강의를 마치자 교수님은 평소보다 많은 학생이 수강했다면서 좋은 강의를 해 주어서 고맙다고 하셨다. 교수님과 헤어져 학교 문을 걸어서 나오는데 기분이 이상했다.

'대학 문턱에도 안 가 본 내가 지금 뭘 하고 나온 거지?'

아무리 생각해도 우연한 일이 아니라는 생각이 들었다. 하나님이 나에게 주시는 좋은 일의 사인(표적) 같다는 생각을 지울 수가 없었다.

나는 어릴 때부터 요셉의 삶을 꿈꾸며 살아왔다. 요셉은 그의 뜻과 상관없이 고난의 삶을 살아야 했지만, 하나님이 그의 인생을 형통하게 인도해 주셨다. 나는 문제와 어려움이 생길 때마다 요셉의 하나님이 나의 하나님이 되어 달라고 기도하곤 했다. 그래서 요셉처럼 나이 서른이 되면 뭔가 좋은 일이 일어나지 않을까 기대하면서 살아왔다. 그런데 정말 좋은 일이 생기게 된 것이다. 그리고 얼마 후 서른 살이 다 지나가기 전에, 나는 뜻하지 않은 인생의 큰 전환점을 맞이하게 된다.

간수장은 그의 손에 맡긴 것을 무엇이든지 살펴보지 아니하였으니 이는 여호와께서 요셉과 함께 하심이라 여호와께서 그를 범사에 형통하게 하셨더라_창 39:23

| 성탄절에 찾아온 이혼 위기 |

큰애가 6살쯤 되었을 때, 시어머니가 아주버님과 함께 남양주시로 이사하셨다. 두 분이 사시던 집은 우리 가족이 들어가 살게 되었다. 시어머니는 정든 교회를 떠날 수 없어서 구리에 자주 오셨고, 우리 집에도 매번 들리셨다. 심지어 새벽 예배를 드리시고 오실 때도 많았다. 예고 없이 집에 오시는 시어머니로 인해 점점 불편해졌다. 시어머니는 부지런하시고 깔끔한 분이셔서, 집이 조금이라도 지저분하면 잔소리를 하셨다. 모두 출근하고 비어 있는 집에 오셔서 청소를 하신 후에 마음대로 물건을 버리고 가셨다. 자식을 위하는 마음으로 그렇게 하시는 것은 잘 알지만, 며느리로서는 너무 불편하고 힘들었다.

남편은 계속 열심히 운동을 다니고, 집에 있는 날에는 스포츠 방송을 보았다. 거기에 더하여 이제는 색소폰 동호회에 들어가 봉사 활동까지 다녔다. 운동만 할 때도 집에 잘 있지 않았는데, 악기로 봉사까지 하게 되니 주말은 물론이고 평일 저녁 같이 식사 한번 하기도 힘든 날이 많았다. 나는 불시에 찾아오시는 시어머니 눈치 보며, 일하고 살림하면서 아이까지 키우느라 하루하루가 전쟁인데, 이런 내 마음도 모르고 자기 취미 활동만 열심히 하는 남편에게 화가 났다. 그래서 여러 번 외롭고 힘들다는 이야기를 했지만, 남편은 그냥 잔소리로 듣고 지나쳤다. 그러는 사이 시어머니와의 갈등이 커지게 되었고, 진지하게 이혼을 고민하였다.

성탄절을 맞아 시댁 식구가 우리 집에 모였다. 다들 웃고 이야기하는데, 나는 하나도 즐겁지 않았다. 시어머니가 계속 굳어 있는 내 얼굴을 보시고 꾸중하셨다. 꾸중을 듣는 순간, 참았던 분노를 더 이상 참지 못하고 다 쏟아내며 이혼하겠다고 했다. 남편이 말렸지만, 이혼하겠다는 마음을 굽히지 않았다. 시어머니는 화가 나셔서 친정어머니 이야기를 꺼내셨다. 그 순간 나는 서러워서 큰 소리로 울었다.

내가 결혼한 지 얼마 안 되었을 때, 친정 식구가 청둥오리 농장 사업을 위해 강원도 횡성으로 이사를 갔다. 일꾼을 여러 명 둘 정도로 사업도 아주 잘되었다. 그러나 사업이 오래 가지 않았다. 오리를 납품받던 사업체들이 영업 정지를 당하게 되면서 순식간에 연쇄 부도가 났다. 사업을 도맡아 했던 친정어머니는 책임을 피하고자 농장에서 일하던 아저씨와 집을 나가셨고, 아버지와 계속 별거 중이셨다. 그 후로 명절이 되면, 나는 친정어머니 없는 친정을 오가며 쉬는 대신 대청소를 하고 돌아왔다. 그리고 집에 돌아오면 힘들어서 누워 있곤 했다.

이러한 사연을 알고 계신 시어머니는 갑자기 미안하셨는지 울고 있는 나를 안아 주시며 사과하셨다. 시어머니가 사과를 하며 달래 주시니 나도 시어머니 품에서 죄송하다고 용서를 빌었다. 성탄절에 찾아온 이혼 위기는 다행히 예수님의 용서와 화해로 지나가게 되었다.

누가 누구에게 불만이 있거든 서로 용납하여 피차 용서하되 주께서 너희를 용서하신 것 같이 너희도 그리하고_골 3:13

내 뜻대로 안 되어도

3장. 내 뜻대로 안 되어도

여름에 태풍이 지나가면, 여기저기서 부서지고 날아온 쓰레기로 거리가 지저분하다. 하지만 우리가 매일 숨 쉬며 살아가는 공기는 보다 깨끗해진다. 바닷속도 심해 깊은 곳까지 산소가 공급되어 심해 생물이 살 수 있는 환경이 만들어진다. 마찬가지로 하나님은 우리 영혼의 유익을 위해 인생 가운데 태풍을 보내곤 하신다. 당시에는 죽을 것 같지만, 지나고 나면 영혼이 깨끗이 정화되어 비로소 주님을 볼 수 있는 눈이 열린다. 나도 그랬다.

성탄절 밤, 집안에 한바탕 태풍이 지나가고 아침이 되었다. 주일이라 남편은 봉사하기 위해 먼저 교회에 갔다. 혼자 조용히 거실 소파에 앉아서 지난 밤에 있었던 일을 떠올려 보았다.

'내가 왜 이렇게 되었을까? 난 그저 행복하게 살고 싶었을 뿐인데…'

어린 시절부터 지금까지 살아온 시간이 주마등처럼 지나갔다. 그토록 벗어나고 싶었던 친정이었지만, 그래도 그 시절이 행복했다는 것을 깨닫게 되었다. 적어도 내 마음은 하나님 사랑으로 충만했기 때문이다.

꿈 많고 예민했던 사춘기 시절, 부모님과도 나누지 못한 소소한 고민조차 나는 하나님 아버지께는 말씀드렸다. 그러면 하나님은 어린 딸을 사랑하는 자상한 아빠처럼 문제를 해결해 주곤 하셨다. 공납금 연체로 서무실에 불려 가는 게 창피하다고 기도했더니 마감 직전에 공납금을 주셨고, 기도할 때 자존심 상하지 않도록 방언을 달라 기도했더니 그 기도도 귀엽게 보시고 들어 주셨다. 친구들 앞에서 돋보이고 싶은 마음에 구한 상장과 내 실력으로는 불가능했던 5등이라는 성적도 하나님 아빠 찬스를 베풀어 받도록 해 주셨다. 돌아보니 딸이 예뻐서 해 달라는 것 다 해 주시는 마치 '딸 바보 아빠' 같은 하나님 아버지셨다. 생각하다 보니 새삼 그 시절 하나님 아버지가 그리워졌다. 나는 오랜만에 무릎을 꿇고, 작은 목소리로 하나님 아버지를 불렀다.

"아버지, 그동안 행복해지려고 남편의 사랑도 구해 보고, 돈도 벌어 보고, 시어머니에게도 잘하려고 했지만, 내 뜻대로 되는 게 하나도 없어요. 지금이라도 저를 받아 주시면 예전에 하나님을 사랑했던 모습으로 다시 돌아갈게요."

그러자 마치 이 고백을 기다리기라도 했던 것처럼, 세미한 음성이 들려왔다.

"딸아. 이제야 네가 나를 찾는구나!"

그 순간 예수님의 '돌아온 둘째 아들'(탕자)의 비유가 떠올랐다. 나는 하나님 아버지께 의논도 하지 않고 내가 생각하는 이상형의 배우자를 구했다. 그러면 행복할 줄 알고 계속 졸랐다. 하나님은 내 뜻대로 원하는 배우자를 만나게 하셨다. 하지만 나는 보이지 않는 하나님 아버지의 사랑보다 곁에 있는 배우자의 사랑을 더 원했고, 결국 하나님 곁을 떠났다. 그러면서도 주일마다 교회에 가는 것으로 내 할 일을 다했다고 생각했다. 하지만 하나님 아버지는 달랐다. 내 마음이 떠난 후로, 매일같이 딸의 마음이 돌아오기만을 기다리고 계셨다. 예전에 하나님과 의논하며 하나님 아버지만 찾았던 그 사랑스러운 딸의 모습을 그리워하고 계셨다. 짧은 시간에 이 모든 일이 깨달아져서 나는 울고 또 울었다.

"아버지 잘못했어요. 제가 정말 잘못했어요."

딸 바보 아빠 하나님은 배은망덕한 딸을 아무 조건 없이 사랑으로 품어 주셨다. 나는 이날 인격적으로 하나님을 만나 회심하였다. 그리고 이제부터는 내 뜻이 아닌 주님의 뜻대로 살아 보겠노라고 다짐하고 또 다짐하였다.

이에 일어나서 아버지께로 돌아가니라 아직도 거리가 먼데 아버지가
그를 보고 측은히 여겨 달려가 목을 안고 입을 맞추니 아들이 이르되
아버지 내가 하늘과 아버지께 죄를 지었사오니 지금부터는 아버지의
아들이라 일컬음을 감당하지 못하겠나이다 하나_눅 15:20-21

| 회심 후, 일어난 변화 |

2005년 새해가 되기 직전 회심한 후, 내 마음에서는 변화가 일어나기 시작했다. 남편이 미워서 가기 싫었던 교회가 좋아졌고, 예배 시

간이 기다려졌다. 주일 예배뿐만 아니라, 모든 공예배에 다 참석했다. 새벽 예배도 갔다. 예전 같으면 성경 한 장 읽는 것도 힘들었는데, 드라마를 보는 것처럼 생생한 감동이 밀려와서 1년 동안 8번이나 성경을 통독하게 되었다. 기도하는 시간도 즐거워지고, 교회에서 봉사하는 것도 너무 즐거웠다. 교사, 찬양 팀, 여전도회, 선교부 등 이제는 남편보다 교회 봉사를 더 열심히 하게 되었다.

무엇보다 가장 큰 변화는 남편과의 관계였다. 연애할 때부터 남편은 말이 없었다. 여러 사람이 모인 자리에서는 리더십도 있고 말도 재미있게 하는데, 나와 둘이 있으면 이상하게 말을 잘 하지 않았다. 멋있게 보이려고 그러는 줄 알았는데, 결혼해서 보니 원래 집에서는 말수가 적은 사람이었다. 그런데 말수가 적은 것보다 내 마음을 더 힘들게 했던 것이 있었다. 내 이야기를 듣는 남편의 태도였다. 남편이 스포츠를 좋아하다 보니 내가 말하는 동안에도 남편 눈은 항상 TV 스포츠 방송이나 신문에 가 있었다. 내 이야기를 들어 보라고 하면, 다 듣고 있으니 그냥 말하라고 했다. 늘 이런 식으로 대답하니 나는 존중받지 못한다는 생각 때문에 상처가 되었고, 남편이 나를 사랑해서 결혼했는지 의심이 들곤 했다.

그런데 내가 회심한 후로 남편의 태도가 변하기 시작했다. 더 정확히 말하자면, 나의 마음가짐과 태도가 변했다. 내가 먼저 남편을 있는 모습 그대로 인정하고 받아들이려고 노력하게 되었다. 비록 내가 원하는 방식으로 이야기를 들어 주지 않아도 남편이 "다 듣고 있으니 말해"라고 하면, 그 말을 사실로 받아들이고 그냥 하고 싶은 말을 했다. 그런데 어느 날부터 "오늘은 뭐 좋은 일 없었어?" 하고 남편이 먼저 말을 걸어 왔다. 그리고 다른 일을 하지 않고 내 눈을 쳐다보았다. 나는 기분이 좋아서 주님께 은혜받은 이야기를 나누며 함께 은혜를 받았다. 내가 그토록 원했던 모습으로 남편이 변하게 된 것이다!

시어머니와의 관계도 이전보다 좋아지게 되었다. 평생 깔끔하게 살아오신 시어머니를 향해서도, 있는 모습 그대로를 받아들이기로 하자 이전보다 불편함을 덜 느끼게 되었다. 불시에 집에 오셔서 청소하시고, 내 물건을 버리고 가셔도 "어머니가 청소해 주셔서 퇴근 후에 저도 덜 힘들고 좋아요. 감사해요"라고 했더니 좋아하셨다. 좋아하시는 어머니를 보니 내 마음도 기뻤다. 그동안 최악이라고 생각했던 문제가 주 안에서 의외로 쉽게 해결되었다. 이렇게 내 마음에 주님을 주인으로 모시자 나를 향한 주님의 뜻이 무엇인지 조금씩 깨달아지기 시작했다.

| 마음의 치유 |

어려서부터 오랫동안 신앙생활을 해 왔지만, 내 안에 해결되지 않
는 문제가 있었다. 그것은 분노였다. 어떤 일로 기분이 상하게 되면
내 안에 '욱'하고 올라오는 분노가 있었다. 누구나 기분이 상하면 화
를 내기도 하지만, 나는 화가 한 번 나면 좀처럼 가라앉지 않았다.
계속 가슴이 답답하고 분하여 어쩔 줄을 몰랐다. 그럴 때마다 이런
내 모습이 너무 싫었다. 특히 회심한 후로는 정죄감 마저 밀려왔다.
그래서 항상 하는 기도 제목 중 하나가 '성품'이었다. 사랑하는 예
수님의 성품을 닮게 해 달라고 성령의 9가지 열매(갈 5:22~23)를 외워
가며 간절히 기도했다.

어느 날, 가깝게 지내던 여전도사님으로부터 '내적 치유'에 대한 이
야기를 듣게 되었다. 누구나 마음에 상처받아 울고 있는 아이가 있

는데, 그 아이가 현재의 나에게 다양한 형태로 영향을 주고 있다는 것이다. 그러므로 상처 준 사람을 용서하고 예수님을 통해 치유해야 한다고 하셨다. 전도사님은 나의 아픈 과거의 이야기를 들어 주시며, 함께 울고 기도해 주셨다. 그리고 나면 마음이 평안해졌다. 두 번 정도 그런 시간을 가졌고, 전도사님은 사역 때문에 멀리 떠나게 되었다. 내가 무척 아쉬워하자 전도사님은 나에게 내적 치유에 관한 책을 하나 소개해 주셨다.

나는 책을 읽으면서 내적 치유의 원리를 더 깊이 이해하게 되었다. 하루는 책에 나온 사례를 참고하여 분노의 문제를 가지고 기도했다.

> "예수님, 작은 일에도 분노가 올라와서 마음이 너무 괴로워요. 마음의 상처 때문이라면 어떤 일 때문인지 생각나게 해 주세요."

잠시 묵상하고 있는데, 내가 초등학교 5~6학년 정도 되었을 때의 한 장면이 떠올랐다. 부산에 살 때였는데, 아버지가 술에 취해 집안 물건을 부수고 어머니를 구타한 적이 있었다. 그때 겁에 질려 울고 있는 어머니의 얼굴이 떠올랐다. 그 순간 내 안에 분노가 치밀어 올랐다. 어린 시절 나는 고통당하는 어머니를 도와주지 못했다는 죄책

감에 괴로워했었고, 아버지를 벌주고 싶은 분노의 마음으로 가득했었다. 잠시 후, 예수님이 어린 시절 나에게 다가와 이렇게 말씀하시는 것 같았다.

"미연아, 괜찮아. 네 잘못이 아니야."

"아빠를 벌주고 싶은 마음, 이제는 나에게 주지 않겠니?"

하지만 선뜻 대답이 나오지 않았다. 답답한 가슴을 부여안고서 싫다며 소리 내어 울었다. 한참 울다가 주님 뜻대로 하겠노라고 입술로 고백하고, 아버지를 진심으로 용서하였다. 그러자 가슴에서 돌덩이 같은 것이 '쑥' 하고 빠져나오는 것이 느껴졌다. 마치 앓던 이가 빠지는 것처럼, 답답했던 가슴이 그렇게 시원할 수가 없었다. 정말 신기했다.

그 후로 수시로 치밀어 오르던 분노가 거짓말처럼 사라졌다. 화날 일이 있어도 그때뿐이었고, 예전처럼 오랫동안 힘들지 않았다. 이 일에 힘입어 내 안에 있는 다른 문제들도 주님 앞에 가지고 나아갔다. 그러면 마음이 평안해졌고, 성품도 이전보다 아름답게 변해 갔다.

| 잠든 어린이들을 깨우라 |

교회학교에서 유년부 교사를 할 때였다. 초등학교 3학년 담임을 맡았다. 열심히 반 목회를 했고, 10명이었던 아이들이 20명으로 배가 부흥하였다. 하지만 시간이 지나자 안 나오는 아이들이 생겼다. 그 아이들에게 교회에 나오지 않는 이유를 물었더니, 예배 시간이 지루하다고 했다. 사실 우리 반 아이들만 그런 것은 아니었다. 예배 시간에 조는 아이들이 종종 있었다. 그럴 때면 아이들이 졸지 않고 예배를 드릴 방법이 없을까 고민했고, 졸지 않게 해 달라고 기도했다.

10월쯤 되었을 때, 이상한 꿈을 꾸었다. 꿈속에서 잠을 자다 깼는데, 내 옆에 사자와 곰이 엎드려 자고 있었다. 나는 무서워서 뒤로 물러섰다. 인기척이 느껴지니 사자가 몸을 뒤척이며 "아이참" 하고 사람 말을 했다. 동물원에 있어야 할 사자가 내 옆에서 자고 있다는 사실도 놀라웠지만, 동물이 말을 한다는 사실에 더욱 놀랐다. 사자에게

조심스럽게 물었다.

"너, 혹시 내 말을 알아듣니?"

"응."

사자는 맹수의 모습과 달리 대답하는 모습이 귀여웠다. 나는 신기해서 다시 말을 걸었다.

"하나님이 너를 지으셨다는 것을 아니?"

"응, 알아."

"그러면 나와 함께 너를 지으신 창조주 하나님을 찬양하자!"

나는 잠이 덜 깬 사자와 곰을 일으켜 세웠고, 마치 애니메이션의 한 장면처럼 서로 손과 발을 맞잡고 빙글빙글 돌며 찬양을 부르다가 잠에서 깼다. 꿈이었지만 얼마나 생생하던지 실제로 찬양 율동을 한 것처럼 기분이 상기되었다. 그리고 즉시로 우리 반에 있는 남자아이 두 명이 떠올랐다. 한 명은 사자처럼 거친 아이였고, 다른 한 명은 곰처럼 체격도 좋고, 말과 행동이 느린 아이였다.

이 꿈을 꾸게 하신 이유가 무엇일까 고민했다. 인터넷에서 어린이 예배를 검색해 보다가 눈에 띄는 영상이 하나 있었다. S교회 유년부 주일 찬양 영상이었다. 헤드셋 무선 마이크를 한 선생님이 찬양을 인도하자 아이들이 신나게 따라 부르며 율동했다. 그런데 더 놀랐던 것은 악기 팀이었다. 성인 연주자들이 신디와 드럼, 기타 등을 치며, 아이들 예배를 섬겼다. 나는 그 모습에 충격을 받았다.

내가 다니던 교회도 대형 교회이긴 했지만, 예배 형식은 내가 어릴 적 주일학교 다닐 때와 별반 다르지 않았다. 지휘자 선생님의 인도로 피아노 반주에 맞추어 어린이 찬양 몇 곡 부르는 것이 전부였다. 그나마 새로 오신 유년부 목사님이 설교 전후로 직접 기타를 치며, 새로운 찬양을 알려 주셨고, 율동하는 선생님도 세웠다. 그런데 어린이 주일 찬양 영상을 본 후로 내 가슴이 뛰기 시작했다. 마치 하나님이 나에게, 꿈에서 본 것처럼 잠자는 아이들의 영혼을 깨워 찬양으로 영광을 돌리게 하라는 것 같았다.

나는 종종 꿈을 꾼다. 꿈 가운데는 하나님의 뜻을 알게 하시려고 주시는 경우가 있다. 그러면 기도하고 지혜를 구한다. 꿈에 대해 부정적인 시선도 있지만, 신앙의 유익을 위해 잘 사용할 수만 있다면 유익한 점도 많다. 대표적으로 요셉이 그랬다. 요셉은 자신이 꾼 꿈으로 인해 애굽에 종으로 팔리는 수난을 겪지만, 고난 중에도 소망을 가진다. 원수 같은 형들을 다시 만나게 되었을 때, 꿈은 하나님의 뜻을 분별하는 데 중요한 역할을 한다. 이처럼 하나님이 꿈을 주시는 데는 여러 가지 목적이 있다. 그러므로 하나님의 지혜를 구하며 잘 사용한다면 여러모로 유익하다. 하지만, 특별한 꿈이라고 해서 다 하나님이 주시는 것은 아니기에 꿈을 지나치게 맹신하는 태도는 지양해야 할 것이다.

이스라엘은 자기를 지으신 이로 말미암아 즐거워하며 시온의 주민은 그들의 왕으로 말미암아 즐거워할지어다 춤 추며 그의 이름을 찬양하며 소고와 수금으로 그를 찬양할지어다_시 149:2-3

| 어린이 찬양 인도자가 되다 |

나는 인터넷에서 보았던 S교회 유년부에 연락을 해서, 예배 시간에 참관해도 좋다는 허락을 받았다. 캠코더를 챙겨서 유년부 주일 예배 시간에 맞추어 갔다. 유년부 목사님과 부감님이 나를 반가이 맞아 주셨다. 기다리던 예배 시간이 되었다. 큰 소리로 찬양하며, 즐겁게 율동하는 아이들의 모습을 보고 있으니 가슴이 뜨거워졌다. 준비해 간 캠코더에 아이들이 예배드리는 모습을 담았다. 그리고 집에 돌아와 어린이 찬양 팀 기획안을 만들어서 교회에 제출했다. 유

년부 목사님의 적극적인 지지와 선생님들의 협조로 허락을 받게 되었다.

그런데 이제부터가 문제였다. 찬양 인도자를 구하는 게 쉽지 않았다. 유년부 목사님은 은혜 받은 사람이 하는 게 좋겠다며 나에게 해보라고 권하셨다. 나는 한 번에 두 가지를 잘 못하는 데다가 무대 공포증도 있었다. 하지만, 나의 약점도 가슴에 타오르는 불을 끄지는 못했다. 그래서 목사님의 권면대로 찬양 인도를 포함하여 찬양 팀 조직과 관리, 운영을 전부 내가 맡기로 했다.

먼저 악기 팀 교사를 섭외하기 시작했다. 쉽지 않았다. 악기를 다룰 줄 아는 청년은 이미 봉사하고 있는 경우가 많았다. 그런데 피아노를 잘 치는 자매가 봉사하기로 하자 기타와 베이스, 드럼 등 다른 악기 연주자도 금방 섭외가 되었다. 이제 내가 찬양 인도만 잘하면 되었다.

나는 온 열정을 다해 찬양·율동을 배우고 연습했다. 심지어 꿈속에서도 연습했다. 하지만 익숙하지 않은 빠른 박자의 찬양을 부르며 율동까지 하려니까 잘 외워지지 않았다. 불안한 마음이 들었다. 꿈에서처럼 아이들의 영혼을 깨워 춤추며 찬양할 수 있는 능력을 달라고 눈물로 기도했다.

2006년 새해가 왔다. 기존의 유·초등부가 유, 초, 소년부 세 부서로 나눠지면서 나와 유년부 목사님은 초등부를 담당하게 되었다. 1월 첫째 주일, 처음으로 초등부에서 찬양을 인도하는 날이 왔다. 긴장하여 침이 마르고 식은땀이 났다. 하나님께 간절히 기도하고 악기 연주에 맞추어 찬양 인도를 시작했다. 빠른 비트에 심지어 랩까지 있는 찬양을 부르며 율동했다. 다행히 아이들 반응이 좋았다. 아이들이 찬양 시간에 집중했고, 선생님들도 함께 따라 하면서 은혜를 받았다. 다행히 큰 실수 없이 첫 찬양 인도를 잘 마쳤다. 그제야 나는 안도의 한숨을 내쉬며, 하나님께 감사 기도를 드렸다.

구하라 그리하면 너희에게 주실 것이요 찾으라 그리하면 찾아낼 것이요 문을 두드리라 그리하면 너희에게 열릴 것이니_마 7:7

| 예 콘 찬 양 팀 |

시간이 지나갈수록 찬양 시간에 은혜 받는 어린이와 교사가 늘어

갔다. 첫 어린이 찬양 팀 모집에 많은 어린이가 지원했고, 찬양 시간이 더욱 풍성해졌다. 나와 초등부 찬양 팀은 더 큰 비전을 품고 기도했다. 그리고 구리와 남양주 어린이들의 예배 회복을 위한 어린이 찬양 집회를 기획하여, 몇 달 후 토요일에 '예콘 예배'(어린이 예수 찬양 콘서트의 줄임말)를 드렸다. 이날 타 지역 어린이들을 포함해서 약 200명이 집회에 참석했다. 처음 시도한 어린이 찬양 집회를 통해 하나님이 어린이 예배의 회복을 원하시고 기뻐하신다는 것을 재확인하였다.

1년 후, 초등부 찬양 팀 교사를 다른 부서에도 파송했다. 그러면서 유년부와 소년부에도 찬양 팀이 세워졌다. 이때부터 세 부서는 '예콘 찬양 팀'이라는 이름으로 연합 사역을 하게 되었다. 주일에는 담당 부서에서 찬양 사역을 하고, 매주 토요일마다 세 부서가 연합으로 50명의 예콘 찬양 팀 어린이를 위한 찬양 인도자 학교와 성품 교실, 제자 훈련 등 다양한 교육과 훈련을 했다. 그리고 매년 1~2회, 주일 저녁 예배 시간에 정기 발표회를 했다. 이로써 어른 중심의 예배에 어린이들도 함께하는 기회를 만들었고, 성도들의 많은 관심과 기도를 받게 되었다.

한편, 해마다 형식적으로 나가던 노회 어린이 찬양 대회도 더 잘 준비해서 참가했다. 여기서 우리 교회 세 부서가 모두 입상하였고, 입상자 자격으로 전국 주일학교 찬양율동 경연대회에도 참가하여 수상도 했다. 어린이들 입상 소식에 교회 성도님들도 기뻐하고, 우리도 할 수 있다는 자신감을 갖게 되었다.

반 담임으로서 시작한 어린이 예배에 대한 고민이 이렇게 많은 열매를 맺게 될 줄은 몰랐다. 정말 놀라운 은혜가 아닐 수 없다. 물론 혼자서 한 일은 절대로 아니다. 하나님은 내게 꿈을 주셨고, 그 꿈이 열매 맺을 수 있도록 수많은 동역자를 붙여 주셨다. 부서 담당 목사님과 섭외에 응해 준 찬양 팀 교사들, 그리고 선생님을 믿고 따라와 준 50여 명의 찬양 팀 어린이들과 학부모님들, 그 외에도 보이지 않는 곳에서 수고해 주신 분들이 정말 많다.

하나님이 주신 꿈을 붙잡고 믿음으로 선포하며 나가면, 하나님은 반드시 이루어 주신다. 또한 내가 직접 비전을 받지 않았어도 동역함으로 그 비전에 동참할 수 있다. 그리고 나 역시 누군가의 비전에 동참하여 은혜와 복을 받았고, 지금도 그러하며, 앞으로도 그럴 것이다. 우리는 모두 예수 그리스도 안에서 한 지체이기 때문이다.

> 우리가 한 몸에 많은 지체를 가졌으나 모든 지체가 같은 기능을 가진
> 것이 아니니 이와 같이 우리 많은 사람이 그리스도 안에서 한 몸이 되
> 어 서로 지체가 되었느니라_롬 12:4-5

│ 인도, 네팔로 보내 주세요 │

어린이 찬양 사역의 비전을 받았을 때, 유년부 목사님이 큰 도움을
주셨다. 나중에 유·초등부가 유, 초, 소년부로 개편되면서 나는 목사
님과 함께 초등부에서 사역했다. 만약 목사님이 도와주지 않았다면
예콘 찬양 팀도 존재하지 않았을 것이다. 목사님은 비록 자신이 받
은 비전은 아니었지만, 교사로서 내가 주님께 받은 비전을 펼칠 수
있도록 지원을 아끼지 않았다. 나는 이런 목사님이 참으로 감사하
고 좋았다.

목사님은 초등부 담당 교육 목사였지만, 동시에 선교사이기도 하
셨다. 한국에 거주하고 있는 외국인 노동자들을 위한 외국인 예배
부를 담당하셨다. 목사님과 함께 초등부를 섬기다 보니 자연스럽게
목사님의 선교 비전도 공유하게 되었다. 그래서 나와 남편은 외국
인 사역부에서도 스텝으로 섬기게 되었다. 우리는 주로 외국인 형

제들을 심방하는 사역을 했다. 형제들이 퇴근하는 시간에 맞춰 일터로 가서 형제의 숙소에서 함께 식사하고 성경 공부를 했다. 우리 부부는 주로 인도에서 온 20대 초반의 젊은 형제들을 담당했다. 어눌한 한국말이지만 인도 형제들이 '누나', '형님' 하면서 반가워했고, 우리도 친동생처럼 친하게 지냈다.

그러다 2006년 5월, 11박 12일 일정으로 인도와 네팔에 단기 선교를 가게 되었다. 단기 선교는 보통 현지 교회를 중심으로 이루어진다. 그러나 이번에는 선교팀을 2~3인조로 나누어, 평소 심방 가던 형제들의 가정에 방문해서 영상 편지와 선물을 전달하고, 복음을 전하는 쌍방향 선교를 하기로 했다.

먼저 인도에 갔다. 형제들의 일가친척이 모여서 우리 선교 팀 일행을 극진히 환대해 주었다. 형제의 부모님은 한국에 있는 아들의 영상 편지와 선물을 받고 눈물을 흘렸다. 그리고 인도 현지에 있는 가족은 고마운 마음을 담아 우리 일행에게 선물도 주고 숙소도 제공해 주었다.

한번은 인도의 한 형제 집에서 잠을 자고 일어나 이른 아침 옥상에 혼자 올라갔다. 아름답고 평화로운 마을이 눈앞에 펼쳐졌다. 그런데 고요함을 깨고 어디선가 시트교의 경전 그란트를 읽는 방송이 계속 나왔다. 이 아름다운 마을에 사는 사람들이 거짓된 진리를 듣다가 죽게 될 것을 생각하니 마음이 아팠다. 그 자리에 앉아서 기도하는데 눈물이 났다.

"하나님, 인도 사람들이 너무 불쌍합니다. 이 영혼들을 구원해 주세요."

며칠 후, 인도 일정을 마치고 네팔로 넘어갔다. 이번에는 네팔 형제들의 가정에 방문했다. 번화한 시가지를 지나다가 전통 복장을 하고서 한가로이 장기를 두고 있는 노인들을 보았다. 그 모습이 우리네 보통의 할아버지들처럼 참으로 정감 있었다. 나는 그분들에게 부탁하여 함께 사진을 찍었다. 그때 마침 초등학교 1학년쯤 된 남녀 아이들이 교복을 입고 하교를 하고 있었다. 해맑게 웃으며 달려가는 아이들의 모습이 어찌나 예쁘고 사랑스러운지, 양해를 구하고서 아이들과도 사진을 찍었다.

모든 일정을 마치고 한국에 왔다. 여행 중에 찍은 사진을 보니, 인도 옥상에서 본 마을, 네팔에서의 노인들과 어린이들 모습이 머릿속에서 떠나지를 않았다. 그러면서 이 사람 중에 과연 몇 명이나 구원받을까를 생각하니 마음이 아팠다.

> "하나님, 저 영혼들이 너무 불쌍합니다. 인도와 네팔로 저를 보내 주세요! 아버지 뜻이라면 제가 이곳에 가서 복음을 전하겠습니다."

나는 한동안 눈물을 흘리며 나를 인도와 네팔로 보내 달라고 주님께 기도했다. 하지만 주님은 아무 말씀이 없으셨다. 한 달이 지나고 1년이 가도록 아무런 감동도, 확신도 주지 않으셨다. 나는 내가 직접 나가서 선교하는 것이 주님 뜻이 아니라는 사실을 받아들이고, 먼저 맡고 있던 어린이 찬양 사역에 최선을 다했다.

지금도 '그때 나를 선교사로 부르셨으면 어땠을까?' 하는 생각이 들 때가 있다. 그러나 그 당시 응답해 주지 않으신 것도 감사하다는 생각이 든다. 해외 선교도 귀한 일이지만 어린이 찬양 사역도 귀한 일이고, 나중에 교육전도사로 사역했던 것도 보람이 있었으며, 지금 걷고 있는 목회자의 길도 귀하고 아름다운 길이기 때문이다. 물론 나중에 주님이 선교지로 가라고 하실 수도 있는 일이지만 말이다.

우리는 내가 주를 위해 선한 뜻을 품으면, 하나님도 나와 같은 뜻을 품고 계실 거라고 착각할 때가 있다. 그래서 내 뜻을 주님의 뜻으로 오해하여 실수도 하고 어려움도 겪곤 한다. 순교는 귀한 일이지만, 주님은 누구에게나 순교를 요구하지 않으신다. 마찬가지로 주님은 우리 한 사람 한 사람을 향한 선한 뜻을 가지고 계시며, 우리를 가장 좋은 길로 인도하신다. 꼭 목사나 선교사가 아니어도 말이다.

모든 것이 내게 가하나 다 유익한 것이 아니요 모든 것이 내게 가하나 내가 무엇에든지 얽매이지 아니하리라_고전 6:12

│ 영웅이 건드리지 마! │

다니엘과 세 친구는 유대인이었지만 바벨론 왕의 신하로 평생을 살아야 했다. 바벨론의 거대한 제국의 문화와 세계관 속에서 신앙을 지키며 산다는 것은 쉬운 일이 아니었다. 때로는 풀무불에 던져지고, 사자 굴에 던져지는 위험을 감수해야 할 만큼 험난한 길이었다. 지금도 우리는 바벨론과 같은 거대한 세상의 가치관 속에서 그리스도인으로서의 정체성을 지키며 살아야 한다. 쉽지 않은 길이다.

나는 내 아들이 바벨론 같은 세상에서 다니엘처럼 세상과 타협하지 않고 꿋꿋하게 신앙을 지키며 살아가기를 바라며 기도하곤 했다. 그래서 학교 교육보다 교회에서 하는 제자 훈련과 성경학교, 수련회, 큐티반 등의 교육에 우선순위를 두어 참석하게 했다. 이것으로도 부족하여 당시 나와 함께 아신대에 다녔던 청년 전도사에게 과외비를 주고, 일주일에 한 번씩 신앙 교육을 받게 했다. 그래서인지 아이는 학교에 가면 성경을 먼저 읽고, 식사 기도도 하고, 전도도 열심히 했다.

큰애가 초등학교에 다닐 때, 한번은 아이가 울면서 집에 왔다. 무슨 일이냐고 물었더니, 학교에서 친구들에게 괴롭힘을 당했다는 것이다. 운동장에서 놀다 보면 동네 형이나 다른 반 친구들도 만나게 되는데, 그들이 말할 때마다 욕설과 음란한 표현을 사용한다는 것이었다. 아들은 그런 말이 나쁘다는 생각이 들어서 하지 말라고 하거나 자리를 피하곤 했는데, 그러면 아이들이 따라와서 왜 우리처럼 욕하지 않냐고 욕해 보라고 장난을 치며 괴롭힌다는 것이었다.

자기가 잘못한 거냐며 억울해서 우는 아이를 보니 마음이 아팠다. 지금처럼 학교 폭력 신고가 잘되어 있던 시기도 아니어서, 앞으로 우리 아이를 어떻게 지켜 줄 수 있을지 엄마로서 너무 안타깝고 걱정이 되었다. 나는 성경을 펴서 "악은 어떤 모양이라도 버리라"(살전 5:22)라는 말씀 보여 주며, 욕이나 음란한 표현을 하지 않은 것을 칭찬해 주었다. 또한 "악에게 지지 말고 선으로 악을 이기라"(롬 12:21)라는 말씀도 보여 주고, 하나님의 보호와 지혜를 구하는 기도를 드렸다. 말씀과 기도에 용기를 얻었는지 아들이 눈물을 닦고 밝게 웃으며 다시 놀러 나갔다. 하지만 내 마음은 근심이 되고 아팠다. 고학년으로 올라갈수록 신앙의 도전을 더 받을 텐데, 마음 여린 아들이 어떻게 이겨 낼 수 있을까 걱정되었다. 나는 혼자 있을 때 다시 하나님께 아이를 올려드리며 어린 아들을 보호해 달라고 눈물로 기도했다.

며칠 후, 아들이 기분이 좋아서 집에 왔다. 신이 나서 자기 이야기를 들어 보라고 했다. 학교 운동장에서 놀고 있는데 이번에도 친구들이 다가와서 너도 욕해 보라고 장난치며 놀려 대더란다. 그런데 어디선가 큰 목소리가 들려왔다.

"야, 영웅이 내 친구니까 건드리지 마!"

소리 나는 쪽을 보니 교회 친구였다는 것이다. 그 친구는 학교 축구부 선수여서 인기가 있었다. 그런데 아들과 친구라고 하니까, 그 아이들이 사과하고 더는 아들을 괴롭히지 않았다는 것이다. 그 후로 아들은 초등학교를 졸업할 때까지 큰 문제 없이 학교생활을 할 수 있었다.

중학교에 가서도 이와 비슷한 일이 또 있었다. 아이가 순한 편이라 거칠게 장난치는 친구들이 종종 있었다. 싫다고, 하지 말라고 아무리 말해도 계속 장난을 걸어 왔다. 그 일로 힘들어하고 있는데 멀리서 누군가가 말했다.

"야, 영웅이 내 동생이니까 건드리지 마!"

학교에서 싸움을 잘하는 형이 나타나서 감싸 준 것이다. 아들이 신이 나서 집에 오자마자 이 일을 내게 말했다. 아들은 중학교를 졸업할 때까지 학교 폭력에 대한 큰 걱정 없이 학교를 다닐 수 있었다.

다니엘은 뜻을 정하여 왕의 음식과 그가 마시는 포도주로 자기를 더럽히지 아니하리라 하고 자기를 더럽히지 아니하도록 환관장에게 구하니 하나님이 다니엘로 하여금 환관장에게 은혜와 긍휼을 얻게 하신지

| 칭 찬 의 말 한 마 디 |

초등학교에서 아들을 도와주었던 축구부 친구는 아들의 교회 친구가 맞지만, 아들과 그리 친한 사이는 아니었다. 중학교에서 내 동생이라고 하며 감싸 주었던 형도 마찬가지다. 그래서 아들이 더 신기해하고 고마워했던 것 같다.

이 두 아이는 사실 나와 친분이 있었다. 내가 교회 교사였기에 마주칠 기회가 종종 있어서 마주칠 때마다 칭찬의 말을 해 주곤 했었다. 먼저 축구부였던 아이에게는 운동해서 그런지 멋있다는 칭찬을 해 주곤 했다. 하루는 축구 선수가 꿈인데 키가 작아 걱정한다는 이야기를 들어서, 키가 좀 작아도 훌륭한 선수가 될 수 있으니 걱정하지 말라고 격려해 주었다. 나중에 이 아이의 어머니와 우연히 만나 대화하게 되었는데, 가끔 만날 때마다 내가 해 준 말 한마디에 기분이 좋아서 엄마에게 자랑을 하더라는 얘기를 해 주었다. 그 말을 듣는데 가슴이 뭉클했다.

한편, 중학교에서 싸움을 잘했던 형도 아들과 잘 아는 사이가 아니었다. 언젠가 그 아이가 교회에 전도를 받아서 나오게 되었는데, 교회에서 문제를 일으킬까 봐 걱정하는 어른들이 있었지만 나는 오히려 관심 가져 주면서 간식도 사 주고 친하게 지내려고 노력했다. 그러다가 자연스럽게 내 아들도 알게 된 것이다.

두 아이가 아들을 도와주었다는 말을 들었을 때, 그때마다 과거의 이런 일들이 떠올랐다. 직접 물어보진 않았지만, 아이들에게 했던 관심과 칭찬의 말 한마디가 선생님에 대한 좋은 기억으로 남아 선생님의 아들에게 선을 베풀고 싶은 마음이 들지 않았을까?

혹시 그게 아니더라도 아들을 보호하신 하나님의 섭리에 놀랐다. 내가 어릴 때, 나를 보호해 주셨던 하나님은 우리 아이 또한 돌보고 계셨다. 부모가 자신의 힘으로 자녀를 지켜 주는 데는 한계가 있다. 하지만 하나님께 맡기면 이야기가 다르다. 그분이 가장 안전하고 지혜롭게 돌보아 주신다. 나는 두 아이를 키우며, 이렇게 나와 함께 자녀를 양육하고 계시는 하나님을 발견하곤 한다. 그래서 무슨 일을 만나도 마음이 평안하다.

| 조혈모 세포 은행이라고요? |

아들이 네다섯 살쯤 되었을 때, 동생을 낳아 달라고 조르기 시작했
다. 그래서 둘째를 가지려고 했지만, 생기지 않았다. 몸에 좋은 것도
먹고, 병원에도 가 보았지만, 별 이상이 없다고 하는데도 임신이 되
지 않았다. 아이가 여덟 살이 되자 더 늦으면 안 되겠다는 생각이 들
어서 하나님께 매달려 보기도 했다. 마침 봄에 3주간 특별 새벽 기
도회가 있었다. 나는 하나님께 임신하게 해 달라고 간절히 기도했
다. 기도회가 끝나갈 때쯤, 마음에 하나님이 둘째를 주시겠다는 감
동이 왔다. 나는 너무 기뻤고, 임신이 될 것을 굳게 믿었다.

얼마 후, 낯선 번호로 전화가 걸려 왔다. 이분은 자신을 조혈모 세
포 은행 코디네이터라고 소개했다. 그리고 조심스럽게 말을 꺼냈다.
그분은 나와 유전자가 일치하는 환자가 있는데, 조혈모 세포를 기
증할 의사가 있냐고 물었다. 그 순간 머리가 멍해졌다.

'이게 무슨 일이지?'

12년 전에, 조혈모 세포 은행에서 장기 기증 신청을 홍보하기 위해 교회에 온 적이 있었다. 그때 나는 사후 장기 기증과 조혈모 세포 기증을 신청했었다. 그런데 오랜 시간이 지나 유전자가 일치하는 환자가 나왔다는 것이다. 당황스러웠다. 기증 신청은 했지만, 나에게 실제로 이런 일이 생길 것이라고는 전혀 생각지 못했다.

나는 코디네이터에게 환자가 어떤 분이냐고 물었다. 코디네이터는 기증자와 수혜자 사이의 개인 정보는 비공개로 진행되기 때문에 정확한 신상을 알려 줄 수는 없다고 했다. 다만, 8~9세 정도 되는 남자 어린이라고 했다. 혹시 나 말고도 유전자가 일치하는 사람이 더 있는지도 물었다. 코디네이터는 나를 포함하여 총 8명이 있는데, 첫 번째 사람이 기증하기로 했다가 건강상에 문제가 생겨서 못 하게 되었고, 다른 분들도 계속 연락하는 중이라고 했다. 일단 생각해 보기로 하고 전화를 끊었는데 기분이 이상했다.

'왜, 이 시점에 아들과 비슷한 나이의 어린이 환자가 나타났을까?'

여러 가지 생각이 들었지만, 아직 다른 사람들도 연락 중이라고 해서 그냥 상황을 지켜보기로 했다. 여러 날이 지난 뒤 코디네이터에게 다시 연락이 왔다. 다른 분들이 다 거절해서 내가 마지막 기증 대상자라고 했다. 나는 조심스럽게 물었다.

"혹시 제가 기증하지 않으면 그 아이는 어떻게 되나요?"

대답을 망설였다. 나는 더 이상 묻지 않고 생각할 시간을 좀 달라고 했다. 전화를 끊고, 늘 기도하던 안방 창가로 가서 앉았다. 그리고는 체념한 듯 나지막한 소리로 기도했다.

"하나님 아버지, 저랑 유전자가 일치하는 어린이 환자가 있다고 하는데 제가 마지막 기증 대상자라고 합니다. 기증해야겠죠?"

이 말이 떨어지자마자 마음에 감동이 왔다.

"그래. 딸아, 내가 주겠다고 한 아이가 바로 이 아이다."

그 순간 눈물이 쏟아졌다. 하나님의 응답에 감동하거나 기뻐서가 아니었다. 하나님이 주겠다던 아이가 이 아이라고 하니까 몸으로 낳는 자식은 아들 하나로 만족하라는 것 같아서 몹시 서러웠다. 그래서 울부짖었다.

> "하나님, 아이가 동생 낳아 달라고 하는데, 꼭 이렇게까지 하셔야 해요? 제가 몸도 약한 거 아시면서, 굳이 왜 그 아이를 아프게 하셔서 저에게 수술까지 하라고 하세요? 정말 너무 하세요. 저한테 왜 그러세요?"

수술해야 하냐는 물음에는 작은 소리의 기도임에도 금방 응답해 주시더니, 그 후로는 소리치며 기도해도 아무런 응답이 없으셨다. 마치 내 뜻을 알려 주었으니, 그다음은 네가 알아서 하라는 것만 같았다. 별수 없이 울다가 주님께 화낸 것을 회개하고 마음을 정리했다.

사실, 처음 전화를 받은 날부터 이미 남편과 이 일을 의논했다. 그래서 내 차례까지 온다면 이것은 우연히 생긴 일이 아니라 하나님의 뜻으로 받아들여야겠다고 생각했다. 그리고 나도 아이가 있는 엄마이고, 하나님의 자녀로서 어린아이의 고통을 모른 척할 수 없었다. 하지만 할 수만 있으면 피하고 싶었다. 그러나 조혈모 세포를 기증하는 것이 주님의 뜻임이 분명해진 이상 망설일 이유가 없었다. 다만 동생을 기다리는 아들에게 너무 미안할 뿐이었다.

> 이르시되 아버지여 만일 아버지의 뜻이거든 이 잔을 내게서 옮기시옵
> 소서 그러나 내 원대로 마시옵고 아버지의 원대로 되기를 원하나이다
> 하시니_눅 22:42

│ 둘 째 를 낳 는 마 음 으 로 │

조혈모 세포 기증을 결심하고, 당시 초등학교 1학년이었던 아들에
게 이러한 사실을 알아듣기 쉽도록 이야기해 주었다.

> "영웅아, 아픈 아이가 있는데, 엄마가 피를 나눠 주면 그 아이가 다시
> 살 수 있대. 엄마의 피를 받아 살아나는 거니까 엄마가 동생을 낳는 거
> 나 마찬가지야. 하나님은 엄마가 직접 동생을 낳는 것보다 생명 나눔을
> 통해서 동생을 주시기 원하시는 것 같아."

> "그래요? 엄마 때문에 살게 된다면, 내 동생이나 마찬가지네."

다행히, 아들은 쿨하게 이해해 주었다. 그리고 양가 부모님께 말씀

을 드렸다. 시어머니와 친정 부모님은 모두 좋은 일이기는 하지만 수술 후 혹시 있을 후유증을 걱정하셨다. 특히 친정어머니는 내가 어릴 때부터 몸이 약한 것을 잘 알고 있으셔서 반대하셨다. 하지만 나는 부모님을 안심시켜 드리며, 기증 절차를 밟았다.

코디네이터에게 조혈모 세포 기증 방법에 대해 듣게 되었다. 먼저 일반적으로 알려진 골수 기증 방식으로, 골반(엉덩이)뼈에서 주사기로 채취하는 방식이었다. 직접 채취하다 보니 수술 후 통증이 있다고 했다. 다음으로 말초혈 조혈모 세포 기증 방식이다. 성분 헌혈과 같은 방식으로서 채취하는 것으로서, 큰 통증은 없으나 입원 전에 과립구 집락촉친인자 피하주사를 맞아야 한다고 했다. 나는 평소 약물에 민감하게 반응하는 편이어서 주사 맞는 게 겁이 났다. 그래서 고민하다가 직접 채취하는 첫 번째 기증 방법으로 이식하기로 했다.

7월부터 시작한 이식 절차는 생각보다 시간이 좀 걸리게 되었다. 이식 날짜를 잡아 두었지만, 환자의 몸이 좋지 않아 몇 번을 연기하게 되었다. 결국, 해를 넘겨서 2007년 1월 10일 서울대학병원에서 이식 수술을 하게 되었다. 수술 전날 새벽, 문득 그동안 있었던 일들이 떠올랐다. 둘째를 낳는 마음으로 하게 된 사연을 조혈모 세포 수혜자인 어린이와 부모님이 알았으면 좋겠다는 생각이 들었다. 만약 불신자 가정이라면 이번 기회를 통해 온 가족이 구원받기를 간절히 바랐다. 그래서 새벽에 진심을 담아 편지를 쓰고서는 코디네이터에게 편지를 전달해 달라고 부탁했다.

사람이 친구를 위하여 자기 목숨을 버리면 이보다 더 큰 사랑이 없나니
너희는 내가 명하는 대로 행하면 곧 나의 친구라_요 15:13-14

| 조혈모 세포 수혜자에게 쓴 편지 |

아들아, 안녕!

갑자기 이름도 모르는 아줌마가 아들이라고 불러서 이상했지? 나는 너에게 조혈모 세포를 기증하는 아줌마야. 그런데 아줌마에게는 이제 9살이 되는 '영웅'이라는 아들이 하나 있단다. 너는 10살 정도 되었다지? 아줌마가 너를 아들이라고 부른 건 아줌마에게 너랑 비슷한 아들이 있어서이기도 하지만, 그보다 더 특별한 이유가 있단다.

너 혹시 교회에 가 본 적 있니? 아줌마는 매주 교회에 열심히 가는데, 교회에서 봉사도 많이 한단다. 그중에서도 너와 비슷한 초등학생 친구들을 가르치는 교회 선생님이기도 하고…. 그래서인지 골수 수혜자가 너라는 사실을 알았을 때, 아줌마가 가르치는 어린이 친구들과 아줌마 아들 생각이 많이 나서 반갑기도 하고, 한편으로는 마음도 많이 아프고 그랬어.

그런데 사실 아줌마에게 그 이전부터 속상한 게 있었는데, 바로 아줌마 아들 영웅이에게 동생이 없다는 거야. 넌 동생이나 형이 있니? 우리 영웅이는 혼자 있는 게 싫어서 동생을 달라고 하는데 동생이 안 생기더라. 그래서 아줌마는 너무 미안하고 마음이 아파서, 아줌마가 믿는 하나님께 눈물을 흘리며 간절히 기도드렸단다.

"사랑이 많으신 하나님! 영웅이에게 동생을 주세요!" 하고…

그런데 얼마 후, 하나님께서 아줌마 마음에 조용하고 부드러운 음성으로 '알았다, 너의 소원을 들어주마' 하고 속삭여 주셨어. 그래서 기쁜 마음으로 아기를 기다리고 있었는데, 그 일이 있은 지 딱 두 달 후에 조혈모 세포 은행에서 너를 만나게(알게) 해 준 거야.

골수 기증을 신청한 지가 12년이나 되었기 때문에 처음에는 사실 깜짝 놀랐었단다. 더욱이 아줌마는 몸도 약하고 매우 겁쟁이었거든…. 그런데 이렇게 며칠 걱정하는 아줌마에게 다시 하나님께서 속삭여 주셨어. "내가 약속한 아들이 바로 이 아이란다" 하고…. 정말 눈물이 많이 났었단다. 그래서 용기를 냈어.

그리고 그때부터 친아들은 아니지만 영웅이 형 정도 되는 너를 만나게 하신 하나님께 감사의 기도를 드리고 많은 사람에게 이 사실을 알렸단다. 그리고 그 후 5개월 동안 많은 사람과 아줌마는 너와 나의 건강과 만남을 위해 축복하며 기도해 오고 있었고, 골수 기증일을 마치 아기가 태어나는 날처럼 기다려 왔는데, 그날이 어느덧 하루 남았구나. 그러니 아들이라고 부를 만하지? 설명이 넘 길었네….

끝으로 아줌마가 한 가지 부탁할게. 너와 너의 부모님이 하나님을 알든 모르든 이런 아름다운 만남을 주신 하나님께 먼저 감사의 기도를 꼭 드렸으면 좋겠고, 건강이 좋아지면 그땐 교회에 가서 다시 한번 감사의 기도를 드렸으면 하는 바람이야.

이 세상에 존재하는 모든 생명은 정말 소중하며 하나님의 계획과 뜻이 있단다. 비록 지금은 아프지만 너를 향한 특별한 하나님의 뜻과 계획이 있을 거라고 아줌마는 믿고 있어. 널 위해 늘 기도할게. 참, 너의 엄마 아빠를 위해서도 기도하고 있단다.

그럼 사랑하는 이름 모를 아들, 더욱 씩씩해지고 건강해져서 밝은 웃음을 찾길 바라며 이만 줄일게. 안녕! 샬롬!('평안하세요'라는 뜻)

2007년 1월 새해 9일 새벽, 사랑하는 아들에게

하반신 마취를 하고 수술실로 들어갔다. 점점 하반신이 딱딱하게 굳었다. 하지만 그동안 기도로 준비해서 그런지 마음은 평안했다. 수술을 시작하기 직전 담당 의료진이 모여 섰다. 좋은 일 하는 분이니 최선을 다해서 잘하자고 했고, 내게도 안심을 시켜 주었다. 나는 금방 잠이 들었다.

눈을 떠 보니 수술이 끝났다고 했다. 병실로 오자 마취가 풀리면서 수술 부위가 아프기 시작했다. 그런데 내가 생각했던 것보다 통증이 심했다. 골반에서 채취하는 방식이 아프다는 이야기를 듣기는 했지만, 아기 낳는 것만큼은 아프지 않을 거라고 생각했다. 그런데 내 생각과 달랐다. 아들을 순풍 낳아서 그랬는지는 몰라도 애를 낳는 편이 훨씬 덜 아픈 것 같았다. 나는 평소에도 상처가 생기면 낫는 데까지 시간이 오래 걸렸고, 신경도 예민해서 통증을 잘 느끼는 편이었다. 그래서인지 수술 부위가 지혈이 잘 안 되었고, 진통제 없이는 견딜 수가 없었다. 코디네이터도 당황스러워했다. 보통 수술 후 2~3일 후에 퇴원한다고 하는데, 나는 통증으로 걸을 수도, 앉아 있기도 힘들었다. 그래서 퇴원하기까지 5일 정도 걸렸다. 사실은 좀 더 있고 싶었지만, 남편이 환자 가정에서 부담해야 할 병원비가 걱정된다며 빨리 나가자고 했다. 내 몸 걱정은 하지 않고 환자의 병원비만 걱정하는 남편에게 서운한 마음이 들었다. 하지만 남편 말이 틀린 말이 아니어서 퇴원했다. 그리고 집에서도 한동안 통증으로 생활의 불편을 감수해야 했다.

나는 일반적인 경우는 아닌 듯했다. 코디네이터도 나의 경우 수혜 환자가 어린이라서 골수 채취도 성인 환자 수준의 절반 정도만 하므로 통증이 덜할 거라고 했다. (그러므로 혹시 내 글을 읽고 조혈모 세포 이식 자체를 두려워하지 않았으면 좋겠다.)

아이에게 편지는 은혜롭게 써 주었지만, 통증 때문에 몸이 아프니 하나님이 다시 원망스러웠다. '하나님은 왜 그 아이를 아프게 하셔서 나까지 이렇게 아프게 만드시는 건지, 정말 왜 그러시는지…' 알 수 없는 주님 뜻으로 인해 마음에 섭섭함만 더해 갔다.

한 달 후, 코디네이터가 수혜자의 어머니가 써 준 편지라면서 편지 한 통을 가지고 왔다. 편지 소식에 반가웠다. '도대체 어떤 가정의 아이일까? 불신자의 가정일까?' 호기심 가득한 마음으로 편지를 읽기 시작했다. 그런데 편지를 읽다가 온몸이 마치 감전된 것 같았다.

"저희 가정은 2년 전에 개척을 한 목회자 가정입니다."

'세상에 개척 교회 목사님의 아들이라니⋯'

그렇다. 수혜자 아이는 2년 된 개척 교회 목사님의 장남이었다. 상상도 못 했던 말에 가슴이 먹먹해졌다. 눈물이 흘렀다. 목사님 가정이 겪었을 심적 고통을 생각하니 그동안 원망하고 불평했던 마음이 너무 부끄러웠다. 아프다고 이틀이나 더 입원한 것도 죄송했다. 하지만 목사님 자녀의 생명을 살리는 데 쓰임받았다고 생각하니 감사했다. 그래서 편지를 읽고 하나님께 회개했다. 아울러 아이가 건강하게 잘 자라서 다시 수술하는 일이 없게 해 달라고 기도했다.

나는 수혜자 어머니의 편지로 인해 그동안 몸과 마음에 받은 고통에 대한 큰 위로를 받았다. 마찬가지로 기증을 반대하셨던 시어머니와 친정 부모님도 감동과 위로를 받으셨다.

또 마음을 다하고 지혜를 다하고 힘을 다하여 하나님을 사랑하는 것과
또 이웃을 자기 자신과 같이 사랑하는 것이 전체로 드리는 모든 번제물
과 기타 제물보다 나으니이다_막 12:33

[편지 전문]

안녕하세요. 저는 당신께서 기증해 주신 조혈모 세포를 이식받은 수혜자 어린이의 엄마입니다. 우리 아들이 아직 어려 직접 답장을 하지 못해서 제가 대신해 감사의 마음을 전합니다. 이름도 얼굴도 모르는 당신께서 기꺼이 우리 아들의 또 다른 어머니가 되어 주신 것에 진심으로 감사드립니다.

영웅이라고 했나요? 영웅이의 동생이 되겠네요. 우리 아들은 아직 취학 전이랍니다. 자기가 어떤 병에 걸렸는지도 잘 모르고 그저 마냥 신나게 놀고만 싶어 하는 개구쟁이지요. 이제 이식을 통해 어머니를 만난 지 한 달이 되었네요. 우리 아들도 이식이 성공하여 생착이 되었고, 병원 생활도 잘해서 예상보다 일찍 퇴원하게 되었답니다. 모든 것을 예비하시고 인도해 주신 하나님의 은혜라 여기며, 감사하고 기쁜 생활을 하고 있습니다. 1년 정도 병원을 더 다녀야 할 것 같지만 그것도 잘 이겨 내리라 여겨집니다.

저희 가정은 2년 전에 개척을 한 목회자 가정입니다. 개척과 동시에 알게 된 아들의 병은 우리 가정과 교회를 더욱더 기도하게 만들었지요. 1년이 다 되어 가도록 우리는 하나님의 인도하심을 따라 이식을 하고 지금까지 이르게 되었습니다. 당신께서 교회학교 선생님이라는 사실이 너무나 감사했고, 어려운 결정을 기도로 준비하면서 하셨다는 사실에 눈물이 났답니다.

당신을 만나기까지 어려움이 있었지만 우리는 실망하지 않고 기도했었습니다. 하나님이 더 좋은 일들로 우리와 함께하시리라는 믿음에서였죠. 우리의 그러한 시간들이 헛되지 않았음을 당신을 통해 보여 주신 하나님께 감사드리게 되었습니다.

무균실에서 편지를 받아 들고 얼마나 가슴이 찡하게 울리던지, 생각만 해도 가슴이 벅차오르네요. 우리 가정과 교회 또한 우리 아들의 평생에 간증이 될 것입니다. 우리 아들을 다시 태어나게 해 주신 당신께 다시 한번 감사드리고, 우리의 만남을 예비해 주신 하나님께 영광을 돌려 드립니다. 의사들은 여러 가지 부작용과 이식 실패를 염려하며 이야기하기도 하지만, 저는 걱정하지 않기로 했답니다. 하나님께서 여기까지 인도해 주셨는데 앞으로도 잘하게 해 주실 것입니다.

해마다 1월 10일이 되면 새로운 삶을 살게 해 주신 하나님과 당신을 기억하게 될 것입니다. 어디선가 우리를 위해 기도하고 계실 당신을 위해 우리도 늘 기도하겠습니다. 항상 건강하시고 주님의 은혜가 가득하시길 기도드리면서 이만 줄이겠습니다. 안녕히 계세요.

2007년 2월 10일, 따뜻한 마음을 가지신 어머니께

| 권사님과 불면증 |

요한복음 10장 10절에 보면, "도둑이 오는 것은 도둑질하고 죽이고 멸망시키려는 것뿐이요"라고 하여, 마귀가 하는 일을 도둑질에 비유하고 있다. 마귀는 하와를 넘어뜨린 것같이 지금도 하나님의 자녀를 끊임없이 시험하며 믿음의 길 가는 것을 방해한다.

내가 다니던 교회는 봄, 가을에 3주간씩 특별 새벽 기도회를 했다. 한번은 봄에 하는 특별 새벽 기도회에 가려고 누웠는데 잠이 오지 않았다. 처음에는 신경을 너무 써서 그런가 하여 그냥 무시하였다. 그런데 하루가 지나고 이틀, 사흘이 지나도 잠이 오지 않았다. 평소 잠을 잘 자던 내가 정신이 또렷한 채로 며칠씩 잠을 못 자니까 너무나도 힘들었다.

'이게 말로만 듣던 불면증이구나.'

불면증 환자들의 고통이 절실히 느껴졌다. 그런데 '불면증'이라는 단어를 떠올린 순간, 갑자기 생각나는 일이 있었다.

내가 잠을 자지 못하던 첫날, 연세가 많으신 권사님 댁에서 교구 담당 목사님을 모시고 구역 예배를 드렸다. 목사님이 권사님께 기도 제목을 여쭤자 요즘 잠을 못 자서 너무 힘들다고 하셨다. 우리는 다 같이 권사님의 불면증 치유를 위해 기도했다. 그 후 권사님이 나으 셨는지 확인해 보지는 못했지만, 문득 '나에게 생긴 불면증이 권사 님의 불면증과 관계있는 것은 아닐까?' 하는 생각이 들었다. 그래서 새벽에 이 문제를 놓고 기도했다. 그리고 믿음으로 선포했다.

> "권사님과 나에게 불면증을 일으키는 병마야! 예수님의 이름으로 명 하노니 떠날지어다!"

머리에서 뭔가 반응이 오기 시작했다. 역시 우연히 생긴 질병이 아 니라는 확신이 들었다. 비록 단번에 치유가 되지는 않았지만, 이제 부터 영적 싸움이라는 생각으로 포기하지 않고 부르짖으며 기도했 다. 이틀째 되는 날 새벽, 역시 같은 내용을 가지고 믿음으로 선포하 며 기도했다. 그러다 어느 순간 머리가 가볍고 시원해졌다. 병마가 떠났다는 확신이 들었다. 나는 승리를 선포하며 하나님께 감사 기 도를 드렸다.

새벽 예배를 마치고 집에 돌아가 침대에 누웠다. 그동안 못 잤던 잠을 자기 위해서였다. 내 믿음대로, 누운 지 얼마 안 되어 오랜만에 잠을 푹 잘 수 있었다. 또한, 권사님도 불면증이 치료되셨을 것이라는 확신이 들었다.

일주일 후, 권사님을 만났다. 권사님은 밝은 얼굴로 우리가 기도해 주어서 불면증이 나았다고 고마워하셨다. 권사님의 밝은 얼굴을 보니 내 마음도 기뻤다. 나는 이 일을 통해 우리가 겪고 있는 질병 중에는 몸 관리를 소홀히 해서 생긴 것도 있지만, 악한 영들로 인해 생긴 질병도 있다는 사실을 확실히 알게 되었다. 그런 질병은 대개 약으로 고치기도 어렵다. 그러나 믿음을 가지고 예수님의 이름으로 기도할 때 병마들은 힘을 잃고 떠난다.

믿는 자들에게는 이런 표적이 따르리니 곧 그들이 내 이름으로 귀신을 쫓아내며 새 방언을 말하며 뱀을 집어올리며 무슨 독을 마실지라도 해를 받지 아니하며 병든 사람에게 손을 얹은즉 나으리라 하시더라_막 16:17-18

내가 결혼 한 후로 아버지는 강원도 횡성에서 오랫동안 사셨다. 횡성에는 한우가 유명하다. 하지만 한우가 비싸서 한 번도 외식을 해본 적이 없었다. 한번은 아버지 생신을 맞아서 아버지를 모시고 횡성에 있는 한우 전문 식당에 갔다. 그런데 아버지가 음식을 잘 드시지 못하셨다. 안색도 좋지 않아 보였다. 이상해서 여쭈어 보려고 하고 있는데, 갑자기 내 오른쪽 머리가 아파지기 시작했다. 점점 두통이 심해서 밥을 먹기가 힘들었다. 지난번 불면증을 앓았던 권사님의 일도 있고 해서 혹시나 하는 마음에 아버지께 여쭈었다.

"아버지, 혹시 오른쪽 머리 아프세요?"

아버지가 깜짝 놀라셨다.

"너 그걸 어떻게 알았니? 두통에 시달린 지 한 달 정도 되었는데, 약을 먹어도 효과가 없어."

"아버지, 머리가 이렇게 아픈데 한 달 동안 어떻게 참으셨어요?"

나는 아버지가 너무 안쓰러웠다. 하나님이 나에게 아버지의 두통을 알게 하셨을 때는 이유가 있을 거라는 생각이 들었다. 아버지께 잠시 식당 밖으로 나가자고 했다. 기도해 드리기 위해서였다. 손님이 많지 않았지만, 혹시 식당 주인이 보면 이상하게 생각할 수 있을 것 같아 자가용으로 갔다. 그리고 기도했다.

> "하나님, 아버지가 편두통으로 한 달째 고통받고 있다고 합니다. 아버지를 긍휼히 여겨 주시고, 치료해 주세요! 아버지에게 편두통을 일으키는 악한 영아, 예수님의 이름으로 명하노니 떠나가라!"

아버지는 기도하는 내내 "아멘"으로 화답하셨다. 기도를 마치자 놀랍게도 아버지가 상기된 표정으로 두통이 사라졌다고 하셨다. "아멘"할 때 머리가 시원해지는 것을 느끼셨다는 것이다.

아버지는 중보 기도의 능력을 믿으신다. 그래서 평소에도 딸의 기도라고 무시하지 않고 기도해 달라고 부탁하시곤 했다. 그런데 이번에는 내가 괜히 걱정할까 봐 말씀하지 않으셨다고 했다. 아버지는 즉시로 편두통이 낫게 되어 기뻐하며 하나님께 영광을 돌리셨다. 그리고 나서 내게 있는 두통도 말끔히 사라졌다. 우리는 다시 식당으로 돌아갔다. 아버지는 아파서 잘 드시지 못했던 고기를 맛있게 드셨다.

이 글을 읽으며, 혹시 내가 신유 은사가 있다고 생각하는 독자가 있을지도 모르겠다. 하지만 나는 그렇게 생각하지 않는다. 물론 아버지 말고도 중보 기도를 해 주고서 병이 나은 경우가 몇 번 더 있었지만, 극히 소수였다. 조용기 목사님은 살아 계시는 동안 수많은 병자를 예수님의 이름으로 고치셨다. 하지만 목사님은 항상 자신에게 신유 은사가 없다고 말씀하셨다. 은사의 유무보다 하나님의 뜻이 중요한 것 같다.

지금도 마귀는 질병과 여러 가지 문제를 가지고 와서 우리의 삶을 도적질하고 불행하게 만드는 일을 쉬지 않고 하고 있다. 부족하지만 우리는 기도가 필요한 자를 위해 간절히 기도하고, 결과는 주님의 뜻에 맡겨야 할 것이다.

너희 중에 병든 자가 있느냐 그는 교회의 장로들을 청할 것이요 그들은 주의 이름으로 기름을 바르며 그를 위하여 기도할지니라 믿음의 기도는 병든 자를 구원하리니 주께서 그를 일으키시리라 혹시 죄를 범하였

을지라도 사하심을 받으리라_약 5:14-15

| 하나님의 부르심(1) |

회심한 지 얼마 되지 않았을 때였다. 금요 철야 예배 시간에 눈을 감고 열심히 기도하고 있는데, 눈앞이 밝아지면서 담임목사님의 얼굴이 보였다. 잠시 후, 장면이 바뀌어 내가 강대상 앞에 서 있었다. 예배당 3~5층까지 성도가 가득 찬 모습이 나타났다. 그리고 마치 카메라를 줌으로 당기는 것처럼 회중석 쪽으로 시야가 점점 확대되었다. 가족 행사가 있는지 부모와 자녀가 함께 앉아 있는 모습이 보였다. 장면이 얼마나 실감 나던지 내가 지금 현장에 서 있는 것 같은 착각이 들 정도였다. 이것이 말로만 듣던 '환상'이라는 것을 알 수 있었다.

친정아버지는 과거에 다양한 은사를 받으셨다. 하지만 은사로 인해 많은 고초를 겪으셨다. 은사 자체는 귀한 것이지만 그만큼 인격의 성숙과 믿음의 훈련, 말씀 지식 등이 동반되어야 하는데, 아버지는 그러지 못하셨다. 그래서 나는 영적 체험을 동반하는 은사에 대해 늘 조심스러웠다. 특히 내가 다니던 교회가 보수적인 장로교회라 더 조심스러웠다. 그래서 친분 있는 다른 교회 목사님에게 내가 본 환상을 이야기했더니, 그분은 그것을 마귀가 준 것이라고 했다. 그래서 나는 "사탄아, 물러가라!"라고 하면서 환상이 보이지 않기를 구했다.

2년이 지난 2007년 가을 어느 날, 섬기던 부서의 목사님이 꿈에 나타나 나보고 신학교에 가라고 했다. 그날부터 신학 공부가 하고 싶어졌다. 어떻게 하면 좋을지 고민하던 차에 마침 꿈에 나왔던 목사님 부부와 만날 기회가 있었다. 이 일을 이야기하니까, 내가 신학교에 가고 싶은 마음이 커서 그런 꿈을 꾸게 된 것 같다고 하셨다. 사실 내 마음은 그 반대였는데, 두 분이 나를 오해하시는 것 같아서 마음이 상했다. 어쨌든, 이번에도 마귀에게 쓸데없는 생각을 가지고서 떠나라고 기도했다. 하지만 그럴수록 신학 공부를 하고 싶은 마음이 더욱 커져만 갔다.

얼마 후, 강원도에 계신 아버지를 뵙기 위해 남편과 함께 차를 타고 양평을 지나가게 되었다. 늘 다니던 도로 위 육교에 아세아연합신학대학교(이후 아신대) 2008년도 수시 입학 모집을 알리는 현수막이 보였다. 남편이 자신의 친구 목사님도 이 학교를 나왔다고 말했다.

그리고 요즘은 수능을 보지 않고도 수시 전형으로 학교에 들어갈 수 있다고 말했다. 집에 돌아와 남편에게 신학교에 가고 싶다고 했더니, 남편은 나에게 목회자가 될 거냐고 물었다. 그건 아니지만, 찬양팀 아이들을 말씀으로 더 잘 가르치고 싶다고 했다. 그랬더니 남편은 목회자가 될 것도 아닌데, 왜 이제 와서 대학 공부를 하냐며 반대했다. 남편의 입장이 충분히 이해되었다. 그런데도 포기가 되지 않았다.

사실, 회심 후 경험했던 환상과 꿈은 마귀가 준 것이 아니라 하나님의 부르심이었다. 하지만 나는 직장에 다니고 있었고 아이가 있는 엄마이기도 했기에, 하나님이 굳이 나를 목회자로 부르실 이유가 없다고 생각했다. 그리고 교역자로 사역하고 싶지도 않았다. 교회에서 하고 있던 교사와 찬양 팀, 선교부 스탭, 여전도회 등 이미 봉사하고 있는 활동이 많았고, 그것만으로도 만족하고 있었다. 그런데도 신학 공부를 하고 싶은 마음은 계속 주시니까 아마도 봉사의 직무를 더 잘 감당하라고 그러시는 것으로 생각했다.

하지만 내가 남자였다면 어땠을까? 아마도 많이 달랐을 것이다. 내가 여자였고 거기다 결혼까지 했기 때문에, 나는 하나님의 부르심에 소극적이고 회의적인 태도를 보였다. 교단마다 차이가 있기는 하지만, 우리나라 교역자의 대다수가 남자인 환경에서 여자 교역자에 대한 시선 또한 곱지 않은 것은 사실이다. 나 자신도 그런 좋지 않은 고정관념을 가지고 있었던 것도 사실이다. 그래서 이 생각을 교정하는 일이 쉽지 않았다. 그래서인지 하나님이 겁쟁이 기드온을 용사 기드온으로 만들어 가며 사사로 세우신 것처럼, 내게도 그런 은혜를 더하셨다. 내 안에 있는 열등감과 고정관념을 교정하는 작업도 함께 하시며, 주의 뜻을 따라 걸어갈 수 있도록 인도해 주셨다. 참고로, 내게 보이셨던 그 환상과 꿈은 나에게 그대로 이루어졌다.

여호와의 사자가 기드온에게 나타나 이르되 큰 용사여 여호와께서 너와 함께 계시도다 하매 그러나 기드온이 그에게 대답하되 오 주여 내가 무엇으로 이스라엘을 구원하리이까 보소서 나의 집은 므낫세 중에 극히 약하고 나는 내 아버지 집에서 가장 작은 자니이다 하니_삿 6:12, 15

| 아신대 신학생이 되다 |

남편이 반대했지만, 신학 공부를 하고 싶은 마음을 포기할 수 없었다. 그래서 집에서 자가용으로 30분 거리에 있는 아신대에 지원하

기 위해 수시 입학 원서를 준비했다. 그리고 남편의 마음이 바뀌도록 기도했다. 수시 마감 날이 며칠 앞으로 다가왔다. 우편물이 학교에 도착하려면 적어도 3일 전에 보내야 하는데, 남편은 아무 말이 없었다. '이대로 포기해야 하는 건가?' 하는 생각이 들자, 마음이 착잡했다. 그렇게 기다리다가 남편과 갈등하는 상황을 만들고 싶지 않아서 그냥 포기해야겠다고 생각했다. 그리고 아침에 기도하기 위해 무릎을 꿇었다. 그러자 문득 고3 때가 생각났다. 그때도 신학 공부가 하고 싶었지만, 현실을 바라보다 포기했고 나중에 후회했다. 그런데 이번에도 포기한다면 영영 기회가 올 것 같지 않았다. 그러자 속이 상해서 눈물이 났다.

> "하나님, 하나님이 내 아버지라면서 딸이 공부하고 싶다는 소원도 안 들어주시나요? 신학 공부하라는 꿈을 주셨으면, 할 수 있도록 도와주셔야 하는 것 아니에요? 이렇게 무책임한 아버지가 세상에 어디 있어요? 제 소원 좀 들어주세요!"

하나님께 울며불며 기도했다. 하지만 아무런 말씀이 없으셨다. 그래서 신학 공부에 대한 뜻을 접기로 하고서 교회에 갔다. 토요일이라 어린이 예콘 찬양 팀 연습이 있었다. 연습을 마치고 주차장에 가려고 하는데 거기서 꿈에 나왔던 목사님 부부를 다시 만나게 되었다. 두 분이 반가워하시며 잠깐 이야기를 나누자고 하셨다. 우리는 교회에 있는 카페로 갔다. 사모님이 아침에 큐티하다가 내 생각이 났다면서 성경을 펼쳐서 읽으셨다.

> 네 마음의 소원대로 허락하시고 네 모든 계획을 이루어 주시기를 원하노라_시편 20:4

사모님은 하나님이 정말로 신학 공부하고 싶은 마음을 선생님에게 주신 것일 수도 있는데, 지난번에 너무 쉽게 말한 것 같아서 미안하다고 하셨다. 그리고 내가 신학교에 가는 것을 축복해 주셨다.

눈물이 계속 흘렀다. 특별히 성경 구절에 쓰여 있는 '소원'이라는 단어 때문에 더 그랬다. 아침에 아버지가 딸의 '소원'도 안 들어주시느냐고 울며불며 기도했던 일이 떠올랐다. 그때는 응답이 없으시더니 목사님 부부를 통해서 "그래, 딸아, 네 소원을 들어주마"라고 직접 말씀하시는 것 같았다.

하나님 아버지의 허락을 받고 나니 날아갈 것처럼 기분이 좋았다.

빨리 집으로 달려가 준비해 두었던 아신대 수시 입학 원서를 우편으로 보냈다. 그리고 나는 수시에 합격하였다. 합격을 하고 나니 남편도 더 이상 반대하지 않았다. 그렇게 고등학교를 졸업한 지 14년 만인 2008년 3월, 나는 아신대 신학생이 되었고, 못다 이룬 대학 진학의 꿈도 이루게 되었다.

하나님은 당신의 기쁘신 뜻을 따라 우리 마음에도 같은 소원을 주신다. 그래서 그 길을 주님과 함께 즐거운 마음으로 걸어갈 수 있도록 인도하신다.

네 마음의 소원대로 허락하시고 네 모든 계획을 이루어 주시기를 원하노라_시 20:4

| 10년 만에 낳은 둘째 |

고등학교 졸업 후 처음 해 보는 대학 생활이 낯설면서도 즐거웠다. 그토록 배우고 싶던 신학 공부를 하니까 너무 재미있었다. 공부라기보다는 그냥 '아신대'라는 교회에 은혜 받으러 가는 것 같았다. 1학년 1학기를 마쳐 갈 즈음, 나는 꿈을 하나 꾸었다.

안방 문 앞에서 아들 이름을 부르자 세 살배기 모습의 아들이 침대에서 내려왔다. '아이가 왜 이렇게 작아졌지?'라고 생각하는 사이에 당시 초등학생 모습의 아들이 침대에서 또 내려왔다. 두 아이를 동시에 보면서 생각했다.

> '나는 자식이 하나뿐인데, 어떻게 아들의 동생이 또 있지? 이제 애가 둘이 생긴 건가?'

이렇게 생각하고는, 아이들이 장난을 쳤는지 혼을 내기 위해 안방에서 둘을 데리고 나가면서 꿈에서 깼다. 꿈이 생생했지만, 과거에 둘째를 임신하고 싶었던 게 꿈으로 나타난 것 같아서 그냥 무시했다. 그런데 2주 후, 태몽으로 보이는 꿈을 하나 더 꾸게 되었다. 혹시 몰라 임신 테스트기로 검사해 봤는데, 웬걸 두 줄이 나왔다. 임신이 맞았다. 9년 만에 둘째를 임신한 것이었다! 얼마나 흥분되고 기뻤는지 자고 있던 남편을 깨워 둘째가 생겼다고 말했다. 그런데 남편은 뜻밖의 말을 했다.

> "아이고. 나이 40이 넘어서 둘째를 보게 생겼네, 언제 낳아 키우냐…"

첫째 아이를 임신했을 때도 덤덤하게 "다시 잠이나 자"라고 하더니, 9년 만에 임신했는데도 남편은 변함이 없었다. 그래도 나는 마냥 좋았다. 사실 나는 2년 전, 조혈모 세포를 기증하고 난 후로는 크게 임신을 기대하지 않고 지냈다. 게다가 교회 봉사도 하고 학교 공부까지 하느라, 건강도 수술 당시보다는 좋지 않았다. 그런데, 뜻밖에 기적적으로 임신이 된 것이다. 아들도 동생이 생겼다는 사실이 믿어지지 않았는지 친구들을 만나면 이렇게 말했다.

"우리 엄마 임신했대. 이게 말이 된다고 생각해? 나한테 동생이 생긴다니 믿어지지가 않아."

둘째의 임신은 비단 가족뿐만 아니라 우리를 알고 있는 모든 이들의 기쁨이었다.

그리고 출산 예정일이 그다음 해 여름이어서 마치 내가 계획이라도 한 것처럼 2학년 1학기까지 공부하고 1년간 휴학을 할 수 있었다. 그래서 우리 둘째는 태교로 신학 공부까지 하고 태어난 딸이라고 자랑스럽게 말하곤 했다.

2009년 8월 5일. 드디어 십 년 만에 둘째인 딸이 태어났다. 당시 첫째는 초등학교 4학년이었는데, 여동생이 태어났다는 사실에 흥분을 감추지 못했다. 아들에게 둘째는 동생 그 이상이었다. 안아 주고, 업어 주며 아빠만큼이나 동생을 예뻐하고 잘 챙겨 주었다.

큰애가 커서 이제는 군대도 다녀오고 의젓한 직장인이 되었다. 하지만, 아직도 동생과 장난치면서 잘 놀아 준다. 그러다가 시끄러워지면 장난 좀 그만 치라고 내가 종종 소리치곤 한다. 그럴 때는 내가 이전에 안방에서 장난치던 두 아이를 혼내 주던 꿈이 생각나곤 한다.

놀랍게도 하나님은 조혈모 세포 기증을 통해 피로 나눈 아들만 주신 게 아니라, 2년 후 예쁜 딸도 주셨다. 마치 이삭을 바친 아브라함의 순종을 보시고서 이삭도 살려 주시고 숫양도 예비해 주셨던 것처럼, 나에게도 두 자녀를 모두 얻는 기쁨을 주셨다.

> 아브라함이 눈을 들어 살펴본즉 한 숫양이 뒤에 있는데 뿔이 수풀에 걸려 있는지라 아브라함이 가서 그 숫양을 가져다가 아들을 대신하여 번제로 드렸더라 아브라함이 그 땅 이름을 여호와 이레라 하였으므로 오늘날까지 사람들이 이르기를 여호와의 산에서 준비되리라 하더라_창

| 신학교 복학과 어린이집 |

10년 만에 낳은 딸은 우리 가정의 기쁨이었다. 나는 다니던 아신대를 휴학하고 아이와 오롯이 행복한 1년을 보냈다. 어느덧 둘째의 생일이 다가왔고, 휴학 기간도 끝나게 되었다. 2학년 2학기 과정에 복학하기 위해서 어린이집을 알아보기 시작했다. 다행히 우리가 사는 곳 아파트 단지에 가정식 어린이집이 있었다. 마침 거기에 자리가 생겨서 아이를 맡겼다. 며칠 후, 어린이집에서 딸아이가 갑자기 경기(경련)를 한다는 연락을 받았다. 급히 달려 가 보았더니, 아이는 이미 경련을 멈추고 정상으로 돌아와 있었다. 원장님이 많이 놀랐는지 더는 아이를 돌보지 못하겠다고 했다. 그날부터 다른 어린이집을 알아보았다. 하지만 자리가 없었다. 가는 곳마다 대기자들이 많아서 6개월 이상은 걸릴 것 같았다. 고민이 되어 하나님께 기도했다.

"하나님, 어린이집에 자리가 없습니다. 제가 학교를 계속 다니는 것이
주님의 뜻이라면 어린이집을 만나게 해 주세요."

어느덧 학교 수강 신청 등록 기간이 일주일 앞으로 다가왔다. 여러 어린이집에 다니며 대기자 등록은 했지만, 희망이 없어 보였다. 하루는 남편이 저녁에 늦게 온다는 전화를 받고, 딸을 유모차에 태워 큰애와 함께 놀이터에 갔다. 큰애가 그네도 타고 신나게 뛰어다니고 있는데, 그 가운데로 어디서 많이 본 낯익은 사람이 내게로 걸어왔다. 바로, 결혼 전 구기청(구리시 기독교 청년 연합회)에서 함께 임역원으로 섬겼던 언니였다. 내가 결혼하게 되면서 구기청을 떠나게 되었고, 언니도 다른 교회에 다니고 있어서 서로 만나기가 어려웠었다. 그런데 몇 년 만에 우연히 만나게 된 것이다.

우리는 반가워하며 서로의 안부를 물었다. 그런데 언니는 현재 다른 동네 아파트 단지에서 가정식 어린이집을 운영하고 있다고 했다. 나는 혹시나 하는 마음에 어린이집을 구하지 못하고 있는 사정을 이야기했다. 그러자 언니가 깜짝 놀라며 말했다. 이틀 전에 영아반에 있던 아기 엄마가 갑자기 사정이 생겨서 아기를 못 보낼 것 같다고 했다는 것이다. 아직 영아반에는 대기자가 없으므로 확인해 보고, 내일 연락을 주겠다고 했다. 그리고 다음 날 언니는 아기가 못 나온다는 사실을 확인하고서 우리 딸을 바로 입소시켜 주었다. 이 일로 언니와 나는 하나님의 섭리를 깨닫고 주님을 찬양했다. 내가 산책하러 갔던 놀이터는 평소 잘 가지 않던 곳이었다. 그리고 언니도 이 동네 사람이 아니었다. 그런데 둘 다 오랜만에 그 장소에 갔다가 약속이라도 한 것처럼 만나게 되었던 것이다.

언니의 도움으로 나는 2학기에 복학할 수 있었다. 또한, 신학교 공부를 계속하는 것이 주님의 뜻이라는 사실도 확인할 수 있었다. 이처럼 때때로 '위기'는 주님의 뜻을 깨달을 수 있는 기회가 되기도 한다.

우리가 알거니와 하나님을 사랑하는 자 곧 그의 뜻대로 부르심을 입은
자들에게는 모든 것이 합력하여 선을 이루느니라_롬 8:28

| 돌 싱 언 니 와 목 걸 이 |

내가 다니던 교회에 남녀 전도회가 있었다. 나는 20~30대 초반으로 구성된 전도회에 속해 있었다. 한번은 내가 회장을 할 때, 전도회 회원으로 있던 집사님이 액세서리 가게를 열었다는 이야기를 듣고 심방을 갔다. 집사님의 가게가 잘되기를 바라면서 뭔가 팔아 주고 싶은 마음이 들었다. 그래서 14K 목걸이를 하나 달라고 했다. 그 당시 나는 직장을 그만두고 육아하며 학교에 다니던 때라 물질이 넉넉

하지 않았다. 그래서 나름 큰맘 먹고 산 목걸이였다. 그래서 한두 번 목에 걸치다가 아까워서 옷장에 넣어 두었다.

한 달 정도 되었을 때, 저녁 먹고 설거지를 하고 있는데 갑자기 성령님의 감동이 왔다. 그 목걸이를 학교에서 친하게 지내고 있는 언니에게 주라는 것이었다.

'아니야, 이건 성령님의 음성이 아니라 내 생각일 거야.'

나는 떠오르는 생각을 떨쳐 버리며 계속 설거지에 집중했다. 하지만 설거지를 다 마칠 때까지 목걸이와 언니 생각이 더 집요하게 떠올랐다. 설거지를 마치자마자 안방에 가서 기도했다.

"성령님, 그 목걸이는 오랜만에 큰맘 먹고 산 건데요…."

늘 그렇듯이 주님은 하라고만 하시고 아무 말씀이 없으셨다. 잠시 망설이다가 옷장 속에서 새로 산 목걸이를 꺼냈다. 그리고 친정어머니가 주셨던 액세서리 중에서 사용하지 않는 반지랑 몇 가지를 더 챙겨서 포장했다.

다음 날, 학교에서 언니를 만났다. 언니에게 줄 게 있다면서 조심스럽게 목걸이를 건네 주었다. 혹시라도 언니가 기분 나쁘게 생각할까 봐 걱정이 되었는데, 다행히 언니가 환하게 웃으며 좋아했다. 목걸이와 반지를 만지작거리던 언니가 다소 차분해진 목소리로 말했다.

“나는 사실…”

언니는 결혼한 지 3개월 만에 남편을 교통사고로 떠나보냈다고 했다. 그 당시 허니문 베이비를 임신 중이었기에, 하나님이 어떻게 이럴 수 있냐고 원망도 많이 했고, 주변에서 임신 중절 수술을 하라고 했지만 그렇게 하지 않고 혼자 아기를 낳아 키웠다고 했다. 한 부모로 아기를 키우다 보니 경제적으로 어려워졌고, 결혼 때 받은 패물을 다 팔아야 했기에, 그 후로 언니는 액세서리가 하나도 없다고 했다.

언니의 말을 듣고 있는데 가슴이 먹먹해졌다. 언니는 요즘 말로 돌아온 싱글, 즉 돌싱 언니였다. 어린 딸을 혼자 키우면서도 늘 웃으며 밝게 사는 언니에게 이런 아픔이 있을 것이라고는 생각하지 못했다. 잠시지만 언니에게 목걸이를 주라는 주님의 뜻에 고민했던 나 자신이 부끄러웠다.

그 후로 언니는 내가 준 목걸이와 반지를 하고 다녔다. 혹시 남자 친구가 생긴 것은 아니냐는 오해까지 받았지만, 그래도 항상 즐거워하며 지내는 모습을 옆에서 볼 수 있었다. 그리고 하나님이 나에게도 깜짝 선물을 주셨다. 그 학기에 처음으로 성적 장학금을 받았다. 육아로 공부할 시간이 부족했음에도 3등을 했고, 목걸이값의 10배가 넘는 학비를 면제받게 되었다.

그리고 시간이 좀 지나서, 남편이 진급도 하고 형편이 조금 나아지게 될 즈음, 남편은 결혼기념일이라고 18k 목걸이와 반지, 귀걸이 세트를 세 개나 사 주었다. 여태껏 남편이 이런 선물을 나에게 해 준 적이 없었는데 너무나도 감동이었다. 마치 하나님이 언니에게 주었던 액세서리 대신 더 값진 것을 내게 선물해 주신 것 같았다.

> 범사에 여러분에게 모본을 보여준 바와 같이 수고하여 약한 사람들을 돕고 또 주 예수께서 친히 말씀하신 바 주는 것이 받는 것보다 복이 있다 하심을 기억하여야 할지니라_행 20:35

10년 만에 둘째 딸아이를 낳고 너무 행복했다. 하지만 첫째를 낳았을 때와는 몸이 확실히 달랐다. 2년이 다 되어 가도록 출산 당시 벌어진 골반이 거의 그대로 벌어져 있었다. 특히 오른쪽 골반은 손에 잡힐 정도로 튀어나와 있었다. 장 기능에도 이상이 생겨 수시로 묽은 변을 보곤 했다. 그래도 예쁜 딸을 보는 기쁨으로 모든 상황을 감내해 나갔다.

딸이 두 돌이 되어 갈 무렵이었다. 주일 예배를 드리고 아이와 지하 식당에서 점심을 먹고, 1층으로 가기 위해 계단을 오르고 있었다. 그런데 갑자기 배가 아팠다. 빨리 화장실을 가야 하는데, 딸아이가 가기 싫다고 발버둥을 치며 울었다. 배는 아프고, 아이는 말을 듣지 않자, 이마와 등에 식은땀이 나기 시작했다. 하는 수 없이 우는 아이를 껴안고 재빨리 화장실로 갔다. 하지만, 그사이 묽은 변이 조금 나와서 속옷에 묻고 말았다. 나는 너무 창피하고 속이 상했다. 아이를 잠깐 다른 사람에게 맡기고 초등부 교사실로 들어갔다. 문을 잠그고 울며 기도했다.

"하나님, 이런 몸으로 어떻게 사명을 감당할 수 있겠어요? 제 몸 좀 고

왜 이렇게 내 삶은 순탄한 게 없는지….

나는 주를 위해 하고 싶은 일이 많았다. 그래서 둘째를 임신했을 때 손이 많이 가지 않는 순한 아이를 달라고 기도했다. 몸도 이전보다 더 건강하게 해 달라고 기도했다. 그런데 시간이 지날수록 내 뜻과는 반대로 되어 가고 있었다. 아이는 커 갈수록 낯가림이 심해져 엄마 아빠만 찾았고, 성장 속도도 또래보다 늦은 편이어서 신경을 많이 써야 했다. 내 건강도 이전과 비교할 수 없을 만큼 더 약해졌다. 아이를 주신 것은 감사했지만, 내 뜻대로 안 되는 현실을 보며 하나님께 너무 서운했다.

집에 돌아온 후, 건강을 위해 적극적으로 기도해 봐야겠다는 생각이 들었다. 그러다 며칠 전 기독교 서점에 갔다가 우연히 구입한 책이 생각났다. 장로교회에 오래 있다 보니 신유 은사를 다룬 내용이 흥미로워서 산 책이었다. 몸도 아프고 병도 낫고 싶어서 그 책을 읽기 시작했다. 치유받고 싶은 간절함 때문이었는지 몰라도, 책을 읽는 동안 '나도 나을 수 있겠다'는 믿음이 생겼다. 나는 책에 있는 대로 따라서 기도해 보기로 했다.

우선 내 몸에 생긴 질병의 근원이 출산으로 틀어진 뼈 때문이라는 생각이 들었다. 특히 골반이 그랬다. 나는 일어서서 튀어나온 골반 위에 양손을 각각 올려놓았다. 그리고 믿음으로 선포했다.

"예수의 이름으로 명하노니 천골(골반)은 제자리로 가라!"

놀라운 일이 일어났다. 말이 끝나자마자, 좌우의 골반이 조금씩 오므려지는 게 느껴졌다. 아무런 통증도 없이 아주 부드럽게 뼈가 회전하더니 살 속으로 쏙 들어갔다. 특히 오른쪽 골반이 보기 흉하게 튀어나와 있었는데, 오른쪽 골반도 살 속으로 들어가서 더 이상 보이지 않았다. 믿음이 있었음에도, 막상 신유가 일어나니 너무 신기하고 놀라웠다.

다음 날 아침, 오랜만에 황금 변을 보았다. 너무 기뻤고 내게 일어난 일이 모두 꿈만 같았다. 어머니에게 새 생명을 주셨던 하나님은 내 고통도 외면하지 않으셨다. 질병의 고통에서 나를 자유롭게 하셨다. 나는 이전보다 건강해진 몸으로 학업과 봉사를 잘 감당할 수 있었다.

예수께서 이르시되 딸아 네 믿음이 너를 구원하였으니 평안히 가라 네 병에서 놓여 건강할지어다_막 5:34

│ 하나님의 부르심(2) │

나는 아신대에서 즐겁게 학교생활을 했다. 하지만 학년이 올라갈수록 마음 한쪽에 답답함이 있었다. 입학할 당시에는 막연하게 교사의 사명을 잘 감당하고자, 아울러 고3 때 못 이룬 대학 진학의 꿈을 이루고자 신학교에 들어갔다. 하지만 공부를 하다 보니 내 마음에 소원을 주신 하나님께 분명한 소명을 받고 싶었다. 그래서 신학교에 입학한 이후로, 이곳으로 나를 부르신 주님의 뜻을 알게 해 달라고 계속 기도해 왔다.

학부 3학년 2학기 때였다. 밤에 자려고 온 가족이 한 방에 누웠는데, 이제 막 돌 지난 딸이 보채는 바람에 쉽게 잠들 수가 없었다. 그러다 아이가 먼저 잠이 들었고, 나는 눈을 감고 이런저런 생각을 하고 있었다. 그때, 세미한 주님의 음성이 들려왔다.

"딸아, 나는 너에게 생명을 주었는데 너는 나에게 무엇을 주겠느냐?"

그 순간 감은 눈 안에 모세와 사무엘, 바울이 하나님의 부르심을 받는 모습이 차례대로 떠올랐다. 매우 놀랐지만, 이것이 주님의 부르심이라는 것을 알 수 있었다. 잠시 생각하다가 "생명은 생명으로 드려야지요"라고 대답했다. 생명을 드리겠다고 대답은 했지만, 조금은 겁이 났다.

'도대체 나에게 무엇을 하게 하시려고 이렇게 생명까지 말씀하시는 것일까?'

'혹시 순교를 원하시나?'

하지만 키워야 할 어린 자녀도 있는데, 순교를 위해 부르시는 잔인한 하나님은 아닐 거라는 생각이 들었다. 다만, 생명을 드리는 것처럼 좁은 길을 가야 하는 주의 종이 되기를 원하신다는 하나님의 뜻은 알 수 있었다.

실제로 1년 후 신대원에 들어가는 과정으로부터 시작하여 교육전도사로, 또한 목회자로 사역하는 동안 죽을 것 같은 고통스러운 순간을 수없이 경험했다. 그럴 때마다 "너는 나에게 무엇을 주겠느냐?"라고 하셨던 주님의 말씀이 떠오르곤 했다. 그러면 나는 "생명을 드리겠다고 한 대답이 실제 이렇게 힘든 일인지 몰랐다"라고 하면서 아이처럼 울며 이겨 나갈 힘을 달라고 기도하곤 했다.

우리는 살면서 하나님의 뜻을 알기 원한다. 하지만 그 깊으신 뜻을 우리가 다 알기는 어렵다. 마치 갓난아기가 엄마의 깊은 마음을 이해하는 것 자체가 불가능한 것처럼 말이다. 다만 아기가 점점 자랄 때, 성장하는 만큼 엄마의 마음을 조금씩 알아 가게 된다. 이처럼 우리도 인생의 채찍을 견디며 믿음의 성장을 이루는 가운데 주님의 뜻을 조금씩 더 깊이 깨달아 가게 된다.

주님의 세미한 음성을 들을 때, 심장이 따뜻해지는 것을 느꼈다. 그리고 그 후로 나를 괴롭히던 불안 증상이 사라졌다. 나는 그동안 나에게 마음의 병이 있었다는 사실을 깨달았다. 나는 사실 어릴 때부터 늘 불안하고 초조했다. 하지만 그것이 병인 줄 모르고 살았다. 게다가 불편한 사람을 만나면 공포감이 느껴져 몸을 떨곤 했다. 나는 그저 내가 마음이 약해서 그런 줄로만 알았다. 나중에 정신의학과에 가서야 불안 장애가 심했다는 사실을 알았다. 그런데 불안 증상이 사라지자 그동안 느껴 보지 못했던 마음의 평안을 느낄 수 있었다. 아마도 주님이 주시는 담대한 마음을 가지고 귀한 사명을 잘 감당하라는 주님의 선물이었던 것 같다.

여호와께서 임하여 서서 전과 같이 사무엘아 사무엘아 부르시는지라
사무엘이 이르되 말씀하옵소서 주의 종이 듣겠나이다 하니_삼상 3:10

| 20년 만에 다시 순복음교회로 |

아신대 4학년이 되면서, 다니고 있던 교회에서 계속 집사로 봉사해야 할지 아니면 사역지를 찾아 나가야 할지 결정을 해야 했다. 교우들 가운데는 내가 졸업할 때가 되었으니 다니던 교회에서 교육전도사를 하게 될 것이라고 기대하는 분도 있었다. 내가 8년을 예콘 찬양 팀 교사로 열심히 섬겼으니 그렇게 생각할 법도 했다. 하지만 사역은 내가 하고 싶다고 해서 할 수 있는 일이 아니었다. 그리고 신학대학원을 가야 할지 말아야 할지도 고민되었다. 여러 가지 고민은 많았지만, 소명을 주셨으니 주님의 인도하심을 기다리며 계속 기도했다.

그러다가 2학기 중에 꿈을 꾸었다. 아신대 교수님 한 분을 모시고

새로 사역할 교회에 가는데, 큰 십자가 탑이 눈에 들어왔다. 그리고 예배당으로 들어가는 입구까지 가파른 계단이 있었다. 그 안에 들어가니 셀 수 없이 많은 학생이 있었다. 이 꿈을 꾸고 나서 얼마 지나지 않아 다시 또 꿈을 꾸었다. 그런데 이번에는 조용기 목사님이 나타나셨다.

첫 번째 꿈은 우리 교회를 떠나서 사역하라는 주님의 사인(sign) 같았다. 그런데 조용기 목사님은 왜 갑자기 나타나셨을까? 순복음교회로 가라고 하시는 건가? 나는 두 꿈을 꾸고서 생각이 많아졌다. 왜냐하면, 그 당시 나는 개혁주의 신학에 푹 빠져 있었기 때문이다. 칼뱅의 《기독교강요》와 《하이델베르크의 교리문답》 강해집 시리즈 전권을 눈물을 흘리며 다 읽었을 정도였다. 그리고 순복음교회는 고2까지 다니다가 고3 때 이곳 장로교회로 온 후로는 한 번도 가지 않았다. 그리고 다른 유명한 목사님의 설교는 많이 들었지만, 조용기 목사님의 설교는 교단이 달라서 전혀 듣지도 않았다. 그런데 갑자기 순복음이라니?

머리가 복잡해졌다. 하지만 섣불리 어떤 결정을 내리기가 어려웠다. 꿈은 꿈일 뿐이니 말이다. 게다가 순복음교회는 떠난 지 오래되어서 아는 사람도 없었고, 순복음교회나 신학교에 대한 정보도 전혀 아는 바가 없었다. 그래서 나는 이 꿈이 주님의 뜻으로 말미암은 것이라면 환경을 통해서 응답해 달라고 기도했다.

그리고 얼마 후, 학교에서 공부를 마치고 집에 돌아가는 길에 전화가 한 통 걸려 왔다. 아신대 후배 전도사였다. 후배는 나와 입학 동기였지만 나보다 나이가 한 살 어렸다. 그래서 공부하는 동안 '누나, 동생' 하며 친하게 지냈다. 그런데 2학년 때 갑자기 소식이 두절되었다. 무슨 일인지 몰라서 궁금했었는데 2년 만에 연락이 온 것이다. 안부를 물으니, 자기는 그때 자퇴하고 군포에 있는 한세대학교에 입학해서 다니는 중이라고 했다. 처음 들어보는 학교라 학교에 관해 물었더니 순복음 교단의 신학교라고 했다. 깜짝 놀랐다. 친했던 후배 전도사가 거기에 가 있을 거라고는 상상도 못 했다.

나는 그동안의 있었던 일을 말했다. 그랬더니 후배가 놀라워했다. 마침 얼마 후에 한세대학교 영산신대원 수시 모집 기간이라고 했다. 그러면서 후배는 나의 입학 과정을 도와주겠다고 했다. 그 후로 후배는 마치 자기 일처럼 나의 입학 과정을 열심히 도와주었다.

이렇게 학교는 길이 열렸는데, 문제는 교회였다. 어느 순복음교회를 가야 하나 고민하며 기도하고 있었다. 그런데 함께 수업을 듣는 학우 중에 편입하신 여전도사과 쉬는 시간에 대화를 하다가 그분의 남편이 한세대 영산신대원에 다니고 있다는 사실을 알게 되었다. 그리고 나에게 남편을 소개해 주겠다고 하셨다. 그렇게 나는 다니던 교회에서의 사역을 12월까지로 마무리하고, 그 전도사님의 남편을 통해 여의도순복음교회로 가게 되었다. 그리고 실업인 선교회에 소속되어 있는 모 선교회에서 간사도 하게 되었다.

한편, 여의도순복음교회에 갔던 첫날, 나는 놀라움을 금치 못했다. 첫 번째 꿈에서 교수님을 모시고 가서 보았던 십자가와 가파른 계단이 여의도 순복음교회 정문 앞에 있었기 때문이다. 순복음교회에 관심이 없다 보니 그 유명한 십자가 탑과 계단을 몰랐던 것이다.

이렇게 나는 주님의 인도하심을 받아 고3 때 떠났던 순복음교회를 20년 만에 다시 가게 되었다. 그리고 2013년 한세대 영산신학대학원에 수시 전형에 합격하여 입학하게 되었다.

밤에 환상이 바울에게 보이니 마게도냐 사람 하나가 서서 그에게 청하여 이르되 마게도냐로 건너와서 우리를 도우라 하거늘 바울이 그 환상을 보았을 때 우리가 곧 마게도냐로 떠나기를 힘쓰니 이는 하나님이 저 사람들에게 복음을 전하라고 우리를 부르신 줄로 인정함이러라_행 16:9-10

04

버텨 줘서 고마워!

4장. 버텨 줘서 고마워!

| 교회를 개척하라고요? |

내가 살던 구리시에는 교회가 많았다. 밤에 집 밖을 나가면 빨간 십자가를 쉽게 볼 수 있었다. 때로는 교회가 너무 많은 것 아닌가 하는 생각이 들었다. 나는 고3 때부터 교육전도사로 사역할 때까지 대형 교회만 다녔다. 그래서인지 상가에 있는 작은 교회들을 보면, '교회가 많은데 왜 굳이 힘들게 개척까지 할까?' 하는 회의적인 생각이 들곤 했다. 그런데 내가 그 회의적인 대상에 포함될 줄은 꿈에도 몰랐다.

아직 바람이 다소 차갑게 느껴지던 2019년 3월. 남편의 친구 목사님이 서울에서 교회를 개척한다는 연락이 왔다. 남편이 자기 친구가 교회 설립 예배를 드린다는데 함께 가겠느냐고 물었다. 나는 잠시 고민하다가, 가겠다고 말했다. 그러자 남편이 놀라며 정말 가겠느냐고 다시 물었다. 함께 가기 싫어서가 아니었다. 날 걱정하는 마음에서였다. 나는 항상 시간에 쫓기며, 교회 사역과 학업을 병행하고 있었다. 게다가 체력이 약하다 보니 가급적 외출을 피하고서 쉬려고 노력했다. 그런데 이날은 이상하게 참석하고 싶은 마음이 들었다.

개척하는 목사님은 남편과 한 교회에서 어릴 때부터 함께 자란 친구였다. 목사님은 결혼하자마자 중국에 선교사로 파송받아 젊음을 선교지에 바친 귀한 분이었다. 이제 한국에 들어와서 교회를 세우고, 후배 선교사들을 돕는 귀한 사역을 한다고 하니 진심으로 축복해 드리고 싶었다.

목사님은 시장에 있는 작은 상가 교회를 인수하여 설립 예배를 드렸다. 예배 후, 반갑게 인사를 나누고 축하도 해 드렸다. 하지만, 목사님과 가족이 앞으로 가야 할 좁은 길을 생각하니 안타까웠다.

설립 예배의 여운이 채 가시지 않았는데, 내게도 심상치 않은 일들이 생기기 시작했다. 아니, 사실 늘 있었던 문제인데 이번에는 뭔가 달랐다. 하나님은 종종 '문제'라는 진통을 통해서 주님의 뜻을 깨닫게 하시는 경우가 있다. 마치 임신부가 진통이 자주 오면 이제 아기가 나올 때가 되었다는 것을 느끼게 되듯이 말이다. 나도 그랬다. 자꾸 어려움이 왔다. 그런데 이번에는 인내하고 지나가야 할 시험이 아니라는 게 느껴졌다. 나는 성령님께 문제와 상황을 분별하는 지혜를 구하며 기도했다. 그러다 뜻밖에도 교회를 개척해야 한다는 데에 이르게 되었다.

처음에는 정말 말도 안 되는 일이라고 생각했다. 교회가 많은데, 왜 굳이 힘들게 교회를 개척하냐고 회의감을 가졌던 사람이 바로 나였다. 또한, 목회를 꿈꾸었던 신학생 아버지가 싫어서 평범한 남자를 만나 결혼까지 했다. 그런데, 내가 교회를 개척한다고? 이 외에도 교회를 개척해서는 안 되는 이유가 머릿속에 차고 넘쳤다. 그런데도 내 머릿속에서 교회 개척에 대한 생각이 좀처럼 떠나지 않았다. 아니 떨치려고 하면 할수록 온통 교회 개척으로 차고 넘쳤다. 며칠을 뜬눈으로 밤을 지새우기도 하고, 당시 하고 있던 사역에 집중이 되지도 않았다. 한번은 운전 중에 떠오른 교회 개척 생각 때문에 사고가 날 뻔하기도 했다. 이러다 큰일 나겠다는 생각이 들었다. 그래서 기도했다.

"하나님, 교회 개척은 정말 한 번도 생각해 본 적이 없어요. 개척한다고 해도 돈도 사람도 준비된 것이 아무것도 없습니다. 그동안 어린이 사역만 해 왔고, 장년부 설교도 해 본 적이 없어요. 그런데도 제가 교회를 개척하는 것이 주님의 뜻이라면 저에게 사인을 주세요."

나는 지금까지 나의 걸음을 인도해 주신 하나님께 이번에도 나의 앞길을 맡겼다.

또 내가 네게 이르노니 너는 베드로라 내가 이 반석 위에 내 교회를 세우리니 음부의 권세가 이기지 못하리라_마 16:18

| 개 척 에 대 한 두 가 지 사 인 |

나는 하나님께 확실한 사인, 즉 표적을 달라고 기도했다. 첫째는 남편의 동의였다. 준비된 것이 하나도 없는데, 남편마저 반대한다면 현실적으로 교회 개척은 할 수가 없는 일이었다. 기도는 했지만, 남편이 어떻게 반응할지 걱정스러웠다. 남편의 눈치를 보다가 그동안에 있었던 이야기를 했다. 그리고 말했다.

"여보, 아무래도 하나님께서 교회를 개척하라고 하시는 것 같아요."

그러자 남편이 망설임 없이 말했다.

"하나님께서 하라고 하시면 해야죠."

나는 두 귀를 의심했다. 반대할 이유가 너무 많은데, 남편은 한마디도 걱정하거나 반대하는 말을 하지 않았다. 오히려 너무 쉽게 순종을 결심하는 바람에 어쩔 수 없이 교회 개척을 해야만 하는 상황이 되었다.

그러나 아직 두 번째 사인이 남았다. 그것은 개척할 교회 장소에 대한 조건이었다. 당시 우리 가족이 살고 있던 집에는 마음 놓고 주차할 곳이 없어서 매일 주차 문제로 스트레스를 많이 받고 있었다. 그래서 주차 스트레스를 받지 않는 곳이 교회 장소의 첫째 조건이었다. 그리고 교통이 편리한 곳에 있는 30평 이상 되는 공간, 대출받을 수 있는 2천만 원 내에서 보증금과 시설비를 해결할 수 있어야 했다. 또한, 월 50만 원 내외의 임대료를 낼 수 있는 곳이 나타나면 가겠다고 기도했다. 이때만 해도 내가 살던 구리시나 남양주시 쪽에 개척할 것을 예상하고 이렇게 조건을 걸었다.

그리고 교회를 알아보았는데, 웬걸! 남양주시 마석 쪽에 그런 장소가 나왔다. 개척이 정말 하나님의 뜻이라는 생각이 들어서, 내가 교육전도사로 사역하고 있던 교회 담임목사님께 말씀드렸다. 그런데 생각지도 못한 문제가 생겼다. 부교역자는 사역하던 교회가 관할하는 지역에서 개척할 수 없다는 것이었다. 그 당시 교회가 남양주시에 있었고 양평, 청평, 구리, 하남까지 교구로 편성하고 있었기 때문에 그쪽 지역에서는 할 수 없다고 하셨다. 내가 걱정하니까 목사님이 서울이나 분당으로 가면 어떻겠냐고 제안하셨다. 막막했다. 그 당시 부동산 가격이 많이 올랐기 때문에 서울이나 분당에 내가 원하는 조건의 교회 장소가 있을지 의문이었다. 그래서 어쩌면 교회 개척이 하나님의 뜻이 아닐 수도 있겠다는 생각이 들었다.

이대로 개척을 포기할까 생각하다가, 그래도 노력은 해 봐야 하니까 서울에 혹시 내가 원하는 조건의 교회가 있는지 알아보았다. 그런데, 있었다. 서울 영등포구 5호선 양평역 근처에 있는 상가 교회였다. 교회가 아파트 단지 내에 있어서 주차장을 마음껏 사용할 수 있었다. 또, 주변에 아파트와 초중고교가 다 있어서 전도하기도 좋았다. 넓은 평수에 보증금과 임대료도 내가 예상한 금액과 거의 일치했다.

다만, 한 가지 문제가 있었다. 그곳에서 목회 중이신 목사님이 시설비 1,800만 원을 원하셨다. 나는 사정을 말씀드리고 1천만 원밖에 드릴 수 없다고 했다. 며칠 후, 연락이 왔다. 그동안 많은 사람이 거래를 원해서 왔지만 다들 깎아 달라고 해서 그냥 돌려보내곤 했는데, 이상하게 전도사님한테는 마음이 간다면서 하나님이 주라고 하시는 것 같다고 하셨다. 이럴 수가! 이렇게 두 가지 표적이 다 이루어지게 되자 나는 주님의 뜻으로 알고, 교회 장소를 계약했다. 이 모든 일이 불과 두 달 만에 이루어졌다.

그는 너희보다 먼저 그 길을 가시며 장막 칠 곳을 찾으시고 밤에는 불로, 낮에는 구름으로 너희가 갈 길을 지시하신 자이시니라_신 1:33

| 한빛교회가 세워지다 |

5월에 교회 장소를 계약한 후, 이제 순풍을 만난 배처럼 모든 일이 순조롭게 진행될 줄 알았다. 그러나 하나님의 크신 역사를 경험할

때는 순풍이 아니라 인생에서 역풍을 만날 때가 아니던가! 우리 가족은 이제 주님의 크신 뜻을 따라 역풍이 불어오는 그곳을 향해서 나아가고 있었다.

얼마 후, 나는 교회를 개척하게 된 사실을 친정과 시댁 그리고 가까운 지인들에게 알렸다. 예상대로 반응이 좋지 않았다. 개척 교회는 힘들다는 인식 때문에 걱정과 우려의 말들이 돌아왔다. 어느 정도 예상하고 있었다. 불과 두 달 전까지만 해도 나 역시 개척 교회에 대해 회의적인 생각을 가졌던 사람이라 어떤 말을 해도 다 받아들일 준비를 하고 있었다. 하지만 오해의 말과 상처받는 말을 들을 때, 마음이 힘든 건 어쩔 수가 없었다.

비단, 교회 개척이 아니더라도 아신대학교로 시작하여 한세대 석·박사까지 10년을 공부하다 보니 불필요한 오해를 많이 받았다. 나도 이렇게 오랫동안 공부하게 될 줄은 몰랐다. 나 혼자 결정한 일도 아니었다. 진학할 때마다 하나님의 인도하심이 있었다. 하지만 사람들은 내가 공부 욕심이 많아서 한 줄로만 안다. 그래서 남편 등골 그만 빼먹으라는 험한 말도 많이 들었다. 이런 말을 듣고 싶지 않아서 대학원 등록금부터는 내가 사역하며 받은 사례비로 학자금 대출을 갚아 나갔다. 교회를 개척한 후로도 지금까지 밀린 적이 없었다. 코로나19 가운데 성도가 없어도 하나님은 만나와 메추라기를 주시듯 교회도 유지하고 등록금도 내도록 해 주셨다. 그래도 너무 속상할 때는 평범하게 살도록 두시지 왜 이렇게 오해받고 욕먹으며 살게 하시냐고 울기도 많이 울었다.

아무튼 한바탕 홍역을 치르고, 2019년 9월 21일 기하성 서울남서지방회 주관으로 교회 창립 예배를 드렸다. 교회 이름은 '온 세상을 비추는 거룩한 빛'이 되자는 의미로 순우리말 '한빛'이라고 지었다. 처음에는 교단 명을 넣어 '순복음한빛교회'로 지었다. 그런데, 창립 예배를 앞두고 우리 지방회에 동일한 이름의 교회가 있다는 것을 알게 되었다. 지방회 총무님이 바꾸어야 한다고 하셨는데, 교회 간판을 이미 맞춘 상황이어서 전체를 바꾸기가 어려웠다. 그래서 앞에 지역명을 넣어서 '영등포 순복음한빛교회'라는 긴 이름을 갖게 되었다. 최근에는 다 줄여서 '한빛교회'로 이름을 바꾸었다. 이렇다 보니 우리 교회는 창립 당시 사용하던 이름부터 해서 세 가지로 불리고 있다.

아무튼, 교회 개척 당시 성도는 가족 4명이 전부였지만, 무엇보다 교회를 개척하라고 하신 주님 뜻에 순종했다는 생각이 들어서 무척 기뻤다. 그리고 이제 사택만 교회 근처로 이사하면 즐겁게 목회할 수 있을 것 같았다.

> 내가 여호와께 바라는 한 가지 일 그것을 구하리니 곧 내가 내 평생에
> 여호와의 집에 살면서 여호와의 아름다움을 바라보며 그의 성전에서
> 사모하는 그것이라_시 27:4

| 꿈에 나타나신 예수님 |

교회를 개척했지만, 사택 이사가 쉽지 않았다. 결국, 해를 넘겨 2020년 2월 말 이사 날이 잡혔다. 이사하기 전까지 우리 가족은 구리에서 서울 영등포까지 장거리를 오가며 예배를 드렸다. 온 가족이 대형 교회에서 분주했던 사역을 내려놓으니, 오직 하나님께만 집중하며 예배드릴 수 있어서 좋았다. 그러나 긴장이 풀린 탓인지, 나는 원인을 알 수 없는 무기력함이 심해져 갔고, 누워서 보내는 시간이 점점 늘어났다. 열심히 사역해야 하는데 체력이 따라 주지 않았다. 정말 속상했다. 그러나 가족에게 미안하여 아픈 내색을 하기도 어려웠다. 그저 주님 앞에, 목회를 감당해 낼 수 있도록 버텨 낼 힘을 달

라고 기도할 뿐이었다.

2020년 1월 1일. 개척 후 첫 송구영신 예배를 가족과 교회에서 드리
고 구리에 있는 집으로 왔다. 몸은 여전히 힘들었지만, 감사했다. 깊
어져 가는 새벽, 뒤척거리다가 겨우 잠이 들었고 나는 평생 잊을 수
없는 꿈을 꾸었다.

내가 안방에 있는데 방문 주위에서 사람들이 떠드는 소리가 들렸
다. 누가 왔나 궁금하여 방문 쪽을 쳐다보았다. 바로 그때, 한눈에 누
구인지 알 수 있는 분이 방안으로 걸어 들어왔다. 바로 예수님이셨
다! 나는 한 치의 망설임도 없이 예수님께 달려가 꽉 껴안았다. 그
리고 울며 말했다.

"예수님, 사랑해요!"

뭐가 그리 서러운지 흐르는 눈물을 주체할 수가 없었다. 예수님은
온화한 미소를 지으며 나를 쳐다보셨다. 그리고 눈빛을 통해 이렇
게 말씀하시는 것 같았다.

"아직 나이도 젊은데 몸이 이렇게 약해서…"

예수님은 평소 내가 기도하던 창가로 가셔서 앉으셨다. 나도 예수
님의 발치에 앉아 말씀을 듣던 마리아처럼 마주 보고 앉았다. 예수
님은 마치 "그래 딸아, 내가 왔으니 이제 네가 하고 싶은 이야기를
마음껏 해 보아라. 내가 다 들어주마" 하는 눈빛으로 자상하게 쳐다

보셨다. 하지만 말할 필요가 없었다. 주님이 나에 대해 모르는 것이 없다는 걸 그 순간에도 느낄 수 있었기 때문이다. 예수님이 나를 바라보시는 것만으로도 위로가 되고 감사했다. 나는 예수님 앞에서 그렇게 하염없이 눈물을 흘리다가 깼다.

꿈에서 깼지만, 내 눈에서는 금방이라도 눈물이 흐를 것처럼 그 감정이 생생하게 남아 있었다. 그래서인지 방금 꿈에 예수님과 마주하고 앉았던 창가를 보니 이내 눈물이 주르륵 흘렀다.

> '주님 뜻대로 살아보겠다고 몸부림치며 힘들어서 울고, 때로는 억울해서 울고, 또 몸이 아파서 울며 기도했던 이 기도의 자리를 주님이 다 아시는구나.'

그렇게 한참 주님이 앉으셨던 자리를 쳐다보며 눈물을 흘렸다. 그리고 위로해 주신 주님께 감사 기도를 드렸다.

그런데 한 가지 섭섭한 게 있었다. 내 몸이 약한 것을 예수님이 안쓰러워만 하시고, 왜 치료해 주지 않으셨을까? 물론 그 후로 어떤 분이 좋은 영양제를 보내 주셔서 한동안 몸의 기력을 많이 회복하긴 했었다. 하지만 일시적으로 좋아졌다가 다시 재발했다. 그런데 그 이유를 지금은 좀 알 것 같다. 일시적인 치유보다 앞으로 살아갈 날을 건강하게 살도록 하기 위한 주님의 크신 뜻이 있으셨다. 그리고 주님의 뜻대로 지금은 건강이 좋아졌다.

예수께서 이르시되 여자여 어찌하여 울며 누구를 찾느냐 하시니 마리아는 그가 동산지기인 줄 알고 이르되 주여 당신이 옮겼거든 어디 두었는지 내게 이르소서 그리하면 내가 가져가리이다 예수께서 마리아야 하시거늘 마리아가 돌이켜 히브리 말로 랍오니 하니 (이는 선생님이라는 말이라)_요 20:15-16

2020년 새해가 밝았다. 하지만 세계는 지금까지 겪어 보지 못한 전염병 코로나19로 인해 모두 혼란 가운데 있었다. 우리나라에서는 1월 20일 첫 확진자가 나온 후, 2월 17일 국내 첫 슈퍼 전파자가 발생하면서 대유행이 있었다. 이것이 앞으로 교회에 미칠 영향이 어떨지 상상하지도 못한 채 우리 가족은 2월 말 교회 근처로 사택을 이사했다.

이삿짐을 정리한 후, 본격적으로 사역을 하기 위해서 준비했다. 어린이 사역을 오래 했던 만큼 어린이 전도를 위해 전도 용품과 선물도 준비하고, 교회도 예쁘게 꾸몄다. 하지만 이름도 생소한 '사회적 거리 두기'가 등장하면서, '마스크 쓰기'와 '4인 이상 사적 모임 금지' 등이 시행되었다. 교회도 예외는 아니었다. 신천지 집단 감염으로 종교 시설에 대한 부정적인 인식이 더하여 교회에 대한 방역 수칙도 강화되었다. 교회 내에서 식사는 물론, 찬양도 드릴 수 없었다. 그리고 이내 온라인 예배라는 것이 등장했다. 코로나 팬데믹은 말 그대로 교회 팬데믹으로 이어졌다.

하지만 그 가운데서도 주님의 은혜가 있었다. 가족만 예배드리는 것으로 알고 함께 예배드리러 오는 지인이 가끔 있었다. 그러면 힘이 나서 그날 설교가 달라졌다. 또 아파트 주민 중에 금요 예배와 주일 예배에 자주 오시던 분도 한 명 있었다. 낯선 곳에 와서 나를 목회자로 대우해 주는 유일한 성도여서 고마웠다. 하지만 아쉽게도 그분은 두 달 후 이민을 가셨다.

그분이 떠난 주간에 처음으로 새 신자가 왔다. 중년의 남자였는데, 페이스북 친구이기도 했다. 그분 집이 교회와 그리 멀지 않아서 찾아왔다고 했다. 그런데 알고 보니 심한 알코올 중독과 정신 질환을 앓고 있었다. 우리는 서로 조심하면서 얼마 동안은 잘 지냈다. 그러나 조금 시간이 지나자 술을 먹고 교회에 찾아와 난동을 부리기 시작했다. 교회를 그만두라며, 나에게 모욕적인 말과 욕설도 서슴지 않았다. 그래도 코로나 상황에서 하나님이 보내 주신 첫 새 신자인지라 그가 병에서 치유되고, 새사람이 되기를 바라며 최선을 다해 섬겼다. 약한 몸이지만 3주간 한 끼씩 금식하며, 매일 3시간씩 중보 기도도 했다. 대학 병원에도 데려가 약물 치료도 받게 했다. 그리고 지인에게 부탁해서 먹고살 수 있도록 일자리도 알아봐 주었다. 처음에는 술·담배도 끊고 잘 따라오는 듯했다. 하지만 마귀가 그냥 두지 않았다. 끊었던 술·담배를 다시 하면서, 연말이 되자 다른 순복음교회에 갈 거라고 하면서 떠나 버렸다.

그리고 2021년 새해가 왔다. 허무했다. 나는 그동안 무엇을 한 걸까? 주님 뜻이라 믿고 교회를 개척했는데, 코로나19로 전도도 쉽지 않고, 첫 새 신자는 8개월간 나를 괴롭히다가 허무하게 떠나 버렸다. 그때만 해도 교회에 정기적으로 후원해 주는 개인이나 단체가 없어서 창립 예배 때 들어왔던 헌금으로 교회를 유지해 오고 있었다. 그런데 1년이 지나가니, 이제 통장에 잔고도 얼마 남지 않게 되었다.

국가적으로 코로나19 백신 접종도 이루어지지 않아서, 언제 팬데믹이 종식할 지 알 수 없었다. 새해가 왔지만 내 마음은 답답했다. 주님의 뜻을 오해한 것은 아닌지 여러 가지 생각이 들었다. 그래서 기도했다.

"하나님! 코로나19가 생길 것을 다 알고 계셨으면서 왜 교회를 개척하게 하셨어요? 교회 개척을 반대했던 사람들에게 완전히 조롱거리가 되게 생겼어요!"

가슴을 치며 울고 있는데, 마음에 위로의 음성이 들려왔다.

> "딸아, 내가 너와 함께하겠고, 네가 알지 못하는 방법으로 교회를 이끌
> 어 가리라."

비록 눈에 보이는 것도 없고 잡히는 것도 없었지만, 주님이 함께해
주시겠다는 감동이 오니까 힘이 솟았다. 그리고 위로를 받았다.

한 시간쯤 지나서 지방회 총무 목사님에게서 전화가 왔다. 교회 재
정 상태가 어떠냐고 물어보셨다. 개척 교회를 후원하고 싶어 하는
교회가 있는데, 우리 교회를 추천해 주겠다고 하셨다. 너무 놀랍고
감사했다. 마치 내가 조금 전에 울며 기도한 것을 목사님이 들으신
것만 같았다. 그때부터 그 교회는 우리 한빛교회의 첫 정기 후원 교
회가 되었고, 지금까지 매월 정기적으로 후원금을 보내 주고 있다.
물질도 감사하지만, 무엇보다 성도가 가족뿐이어도 하나님과 사람
에게 교회로 인정받았다는 사실이 더 기쁘고 감사했다.

> 이제 내가 사람들에게 좋게 하랴 하나님께 좋게 하랴 사람들에게 기쁨
> 을 구하랴 내가 지금까지 사람들의 기쁨을 구하였다면 그리스도의 종

| 인 분 테 러 |

2021년 1월 중순, 주일 아침이었다. 예배를 준비하기 위해 교회가 있는 상가 입구에 들어서는데 이상하게 바닥이 지저분했다. 진흙 같은 것이 군데군데 묻어 있었다. 한파로 땅이 얼어서 진흙이 묻어 있을 이유가 없는데 너무 이상했다. 교회로 내려가는 지하 계단을 보니 계단마다 누런 발자국이 있었다. 기분이 좋지 않았다. 설마 하면서 허리를 굽혀 발자국을 자세히 보았다. 역시 불길한 예감은 빗나가지 않았다. 진흙이 아니라 대변이었다. 교회 복도에 있는 문 앞까지 계단이 20개 정도 있는데 계단마다 누렇게 묻어 있었다. 심지어 하얀 벽에도 조금 묻어 있었다. 누군가 대변을 보고, 계단마다 문질러 놓은 것같았다.

대변이 묻은 자리를 겨우 피해 교회로 들어갔다. 하지만 어떻게 청소해야 할지 막막했다. 잠시 서 있다가, 집에 있는 남편에게 전화해서 상황을 이야기했다. 그리고 이것저것 청소 도구를 챙겨서 나왔다. 청소가 쉽지 않았다. 대변이 계단마다 있는 미끄럼 방지 틈새까지 스며들어 있었고, 추운 날씨 탓에 얼어붙기까지 했다. 고무장갑을 끼고 물걸레로 일일이 닦기 시작했다. 한파인데도 땀이 났다. 절반쯤 청소했더니 남편이 왔다. 남편이 대걸레로 닦기 시작했고, 다행히 예배가 시작하기 직전에 끝낼 수 있었다.

살면서 별별 일을 다 겪어 보긴 했지만, 태어나서 남의 대변을 이렇게 섬세하게 닦아 본 적은 처음이었다. 화장실 청소도 많이 해 봤지만, 이 정도는 아니었다. 이것은 아무리 생각해도 우연히 일어난 일이 아니었다. 누군가가 저지른 악의적인 행동이었다. 한마디로 '인분 테러'였다.

왜 그랬을까? 누가 그랬을까? 청소하는 동안 곰곰이 생각해 보았다. 교회에 성도는 가족밖에 없었으므로 성도 중에 불만 있는 사람이 저지를 확률은 없었다. 그리고 이 동네로 이사 온 지도 얼마 안 되었기 때문에 원한 가질 만한 사람도 없었다. 다만 짐작 가는 것은 있었다.

그때 당시 매스컴에서는 기독교 신자 부부가 입양한 아이를 학대한 사건을 보도해서 기독교가 국민적인 공분을 사고 있었고, 연이

어 사이비 목사의 학생 인권 착취, 모 선교 단체의 방역 수칙 위반으로 확진자 증가 등 기독교와 관련하여 부정적인 소식이 매일 뉴스에 도배가 되다시피 했었다. 전도 나가면 눈치가 보일 정도였다. 그렇다고 전도는 안 할 수 없으니까 대면 전도가 어려울 때는 교회 근처에 탁자를 놓고, 그 위에 전도용 마스크와 티슈를 놓아 비대면 전도라도 했다. 그래서 기독교에 대한 반감을 품은 사람이 교회에 와서 그런 짓을 하지 않았을까 하는 생각이 들었다.

그러자 화가 나기보다 감사한 마음이 들었다. 비록 성도가 가족뿐인 교회지만 적어도 그분에게는 교회로 인정받아 화풀이 대상으로라도 쓰임받을 수 있었으니 말이다. 교회가 상가 지하에 있어서 아파트 주민들조차 교회가 있는지도 모르는 경우가 많았다. 그런데 교회가 있다는 것을 알고 와서 화풀이라도 하고 갔다는 사실에 감사했다. 또 한편으로는 교회에 좋지 않은 일이 생길 때는 반대로 좋은 일이 생길 또 다른 징조라고 믿었다. 그래서 더욱 감사의 기도를 올려드릴 수 있었다. 그리고 정말 내 믿음대로 되었다.

한밤중에 바울과 실라가 기도하고 하나님을 찬송하매 죄수들이 듣더라 이에 갑자기 큰 지진이 나서 옥터가 움직이고 문이 곧 다 열리며 모

든 사람의 매인 것이 다 벗어진지라_행 16:25-26

| 유튜버가 되다 |

코로나19 팬데믹이 언제 끝날지 모르는 상황 속에서 앞으로 목회를 어떻게 하면서 버텨야 할지 고민이 되었다. 그러던 중 지인 목사님으로부터 안부 전화가 왔다. 내가 처음 교회를 개척하기로 고민했을 때부터 진심으로 지지해 주고 기도해 주신 고마운 분이었다. 목사님은 나에게 유튜브를 한번 해 보면 어떻겠냐고 제안했다. 나는 못 한다고 했다. 그 당시 나는 유튜브를 켜서 보는 것도 익숙하지 않았다. 그리고 불특정 다수의 사람에게 나를 노출하기가 두려웠다. 그 당시 글로 나를 오픈하는 페이스북도 겨우 하고 있었는데, 유튜브에 영상까지 올린다는 것은 생각할 수도 없었다.

하지만, 전화를 끊고 나서 유튜브를 해 보라는 목사님의 말이 계속 떠올랐다. 대면 전도가 쉽지 않은 상황 속에서 마땅히 다른 대안도 없었다. '한번 알아보기라도 해 볼까?' 하는 생각이 들었다. 그래서 유튜브 채널 제작과 영상 편집 방법을 알아보기 시작했다. 과거 어린이 찬양 사역을 할 때 동영상 편집을 직접 해 본 경험이 있어서인지 생각보다 어렵지 않게 느껴졌고, 할 수 있겠다는 마음이 생겼다.

그래서 유튜버가 되기로 하고, 일주일 만에 '개척교회tv' 라는 채널을 만들었다. 시험 삼아 주일 설교 영상을 찍어서 올려 봤다. 조회수가 거의 없어서인지 달릴 악플도 없었다. 조금 더 용기를 내어 페이스북에도 공유해 보았다. 조마조마하면서 반응을 살피고 있는데, 격려의 댓글이 달렸다. 설교 영상을 다 보았는지는 모르지만, 그래도 페이스북 친구들의 격려에 용기를 가지게 되었다. 그 후로 개척교회의 일상을 담은 브이로그(vlog)와 짧은 간증 시리즈인 '3분 간증' 영상을 만들어 올리기 시작했다. 그리고 열심히 홍보해서 한 달 만에 구독자 백 명을 만들었다.

구독자 백 명이 되면 일명 '떡상'이라고 불리는 영상 노출의 기회를 받을 수 있다. 이것은 유튜브가 알고리즘을 이용하여 내 영상을 많은 사람에게 보여 주어 채널이 성장할 수 있도록 돕는 서비스다. 마치 돌잔치 음식상을 차려 주듯 손쉽게 구독자가 유입되어 채널이 성장할 수 있도록 한다고 해서 유튜버들 사이에서는 떡상이라고 불렸다. 그래서 나도 떡상하기 위해 열심히 영상을 올렸고, 구독자 백 명을 모았다. 하지만 무슨 이유에서인지 내 영상은 떡상하지 못했다. 힘이 빠졌다. 유튜브가 내 영상을 다른 사람들에게 홍보해 주지 않으면, 내가 올린 영상을 내 채널의 구독자 외에는 볼 수가 없었다. 그동안 헛수고를 한 것 같아서 마음이 착잡했다. 그리고 '이것을 계속해야 하나?' 하는 생각도 들었다.

하지만 이것은 인간적인 나의 계산이었다. 주님의 크신 뜻은 항상 인간의 계산을 뛰어넘지 않던가! 주님은 나중에 이 영상들을 축복의 통로로 사용하셨다.

> 그러므로 내 사랑하는 형제들아 견실하며 흔들리지 말고 항상 주의 일
> 에 더욱 힘쓰는 자들이 되라 이는 너희 수고가 주 안에서 헛되지 않은
> 줄 앎이라_고전 15:58

| CBS 새롭게 하소서입니다 |

유튜브에서 '개척교회tv' 채널을 운영한 지 3개월쯤 되었을 때였다. 주일 실시간 예배 영상 아래에 'CBS 새롭게 하소서 작가'라고 하면서 전화번호가 쓰여 있었고, 연락을 바란다는 댓글이 달렸다. "새롭게 하소서" 작가님이 내 채널을 어떻게 알고 댓글을 남긴 것인지 궁

금하면서도 놀라웠다.

다음 날, 쓰여 있던 번호로 연락했다. 작가님은 내가 올린 '3분 간증' 시리즈를 보았다면서 "새롭게 하소서" 방송에 출연해 줄 수 있느냐고 물었다. 이럴 수가! 이분은 방송국에서 간증자를 섭외하는 막내 작가였다. 새로운 간증자를 발굴하기 위해서 유튜브 검색을 하던 중 내가 올린 3분 간증 영상이 나왔던 것이다. 잘할 수 있을지 걱정되었지만, 한번 해 보겠다고 하고서 전화를 끊었다.

 그 후 대본을 담당하는 작가님과 전화로 사전 인터뷰가 진행되었고, 방송 녹화는 5월 12일에 하기로 했다. 녹화 일이 다가올수록 긴장이 되었다. 방송 후 어떤 반응이 올지에 대한 불안도 커져만 갔다. 그럴 때마다 기도하며 부정적인 생각을 버리기 위해 노력했다. 그런데 녹화 일을 며칠 앞두고 녹화가 2주 연기되었다는 연락이 왔다. 이유는 말해 주지 않았지만, 내 생각에 방송국에서 코로나19 확진자가 나온 것 같았다.

2주를 기다려 5월 26일, 수요일 오후 1시. 목동에 있는 CBS 방송국 녹화장에 들어갔다. 태어나서 처음 가 보는 방송국이 그저 신기했다. 예쁘게 분장하고, 출연자 대기실도 들어가 보았다.

'내가 이런 곳에 오게 될 줄이야!'

꿈만 같았다. 드디어 시간이 되어 녹화장에 들어갔다. 화면으로만 보던 세 명의 MC가 보였다. 주영훈, 이정수, 여니엘 씨를 보니 긴장이 더 밀려왔다. 드디어 녹화가 시작되었고, 나는 대본에 있는 내용을 잊어버릴까 봐 온 정신을 가다듬고 집중하였다. 방송 전반부에서는 불신자였던 부모님에게 역사하신 하나님을, 후반부에서는 15년 전 개척 교회 목사님 아들에게 조혈모 세포를 기증했던 일을 간증했다. 다행히 큰 실수 없이 1시간이 넘어서 녹화가 끝났다. 그제야 나는 안도의 한숨을 내쉬었다. 녹화장을 나오면서 작가님에게 두 번은 못 할 것 같다고 하면서 긴장한 마음을 풀었다.

너무 떨려서 두 번 다시 못할 것 같았던 방송국 녹화. 그런데 이 말은 그리 오래가지 못했다. 아니 첫 녹화가 끝나기도 전에 이미 다른 녹화가 시작되고 있었다. 게다가 미리 써 준 대본도 없었고, 누가 출연해서 어떤 이야기가 펼쳐지게 될지 알고 있는 사람이 단 한 명도 없었다. 오직 주님의 크신 뜻대로 정확한 타이밍에 시작되었을 뿐이다. 바로 특별한 만남을 위해 최고의 연출가이신 하나님이 계획한 생방송이었다!

> 대저 사람의 길은 여호와의 눈 앞에 있나니 그가 그 사람의 모든 길을 평탄하게 하시느니라 잠 5:21

| 방송국 대기실에 찾아오신 하나님 |

녹화장에서 나온 뒤, 나를 섭외했던 막내 작가님을 찾았다. 울었는지 마스크 위로 나온 눈이 토끼 눈처럼 빨개져 있었다. 잠시 후, 스텝들이 웅성거리며 내 옆을 지나가기 시작했다. '무슨 문제라도 생겼나?' 하고 생각하는 사이에 누군가가 말했다.

> "전도사님, 가지 마시고 잠시 출연자 대기실로 좀 와 보세요!"

그 당시에는 내가 아직 목사 안수를 받기 전이라서 담임전도사였다. 나는 영문도 모른 채 대기실로 갔다. PD님이 밖에 있는 스텝과 조금 전 함께 녹화했던 세 명의 MC에게도 대기실로 들어오라고 했다. '도대체 무슨 일인데 다 모이라고 하는 걸까?' 궁금증이 더해 갔다.

잠시 후, 대기실로 들어온 PD님이 믿기 힘든 이야기를 했다. 내가 녹화하고 있는 사이에 15년 전 나의 조혈모 세포를 기증받았던 아이의 아버지에게서 연락이 왔다고 했다.

'이게 무슨 소리지? 어떻게 15년 전에 내 조혈모 세포를 기증받은 아이의 아버지와 통화를 했다는 거지?'

느닷없는 소리에 머릿속이 복잡했다. 그럴 만한 것이 기증자와 수혜자 간의 개인 정보는 비밀을 원칙으로 하고 있는 데다, 방금 촬영한 영상은 생방송이 아니라 녹화 방송이었다. 그런데 어떻게 수혜자가 내가 여기 있는 것을 알고 방송국으로 전화했다는 것인지, 도무지 이해가 가지 않았다. 믿기 어려워하자, PD님은 내가 수술 전날 수혜자 아이에게 써 주었던 편지를 자신이 가지고 있다고 했다. 그래도 믿을 수가 없어서 PD님에게 물었다.

"(편지에) 정말 영웅이라고 나와 있어요?"

"네, (그 아이가) 지금 축구선수가 됐대요."

PD님의 대답을 듣는데 참았던 서러움이 밀려와 눈물이 쏟아졌다. 마치 15년 전, 조혈모 세포 기증 문제로 기도하며 울던 그 순간으로 돌아간 것 같았다. 그리고 주님이 이렇게 말씀하시는 것 같았다.

"딸아, 그날 많이 속상했지? 내가 다 안다. 그리고, 고맙다."

그 순간 나는 대기실에 찾아오신 하나님을 만났고, 그분의 품에 안긴 것 같은 따뜻함을 느낄 수 있었다. 꿈을 꾸는 것 같았다. 내가 마지막 기증 대상자라는 부담감을 안고 기도할 때, 주님은 이렇게 말씀하셨다.

"내가 주겠다고 하던 아이가 바로 이 아이다."

속이 상해서 나에게 이렇게까지 하시는 이유가 뭐냐고 울부짖었지만, 그날 하나님은 아무 말씀이 없으셨다. 그런데 15년이 지나 녹화하러 온 방송국에 주님이 찾아오셨고, 많은 사람이 보는 앞에서 그날의 일을 위로해 주셨다.

우리는 땅속에 심어진 씨앗이 어떻게 자라 어떤 열매를 맺을는지

알 수 없다. 다만, 시간이 지나 줄기가 자라서 잎사귀가 나고 꽃이
피는 것을 보게 될 때, 비로소 어떤 열매인지 예상할 수 있게 된다.
주님의 뜻도 마찬가지다. 주님의 생각은 땅속 깊이 심어진 씨앗처
럼 매우 깊고 커서 감히 측량할 수가 없다. 꽃이 피고 잎사귀가 나듯
하나님의 시간이 되어야 비로소 조금씩 깨달아 가게 되는 것이다.
나 역시 긴 시간이 지나고 나서야 조혈모 세포를 기증하게 하신 주
님의 뜻이 내가 생각하는 것보다 매우 크고 깊다는 것을 깨닫게 되
었다.

> 여호와 나의 하나님이여 주께서 행하신 기적이 많고 우리를 향하신 주
> 의 생각도 많아 누구도 주와 견줄 수가 없나이다 내가 널리 알려 말하
> 고자 하나 너무 많아 그 수를 셀 수도 없나이다_시 40:5

| 조혈모 세포 수혜자 아버지 이야기 : 박보규 목사 |

내가 조혈모 세포를 기증했던 아이의 아버지는 청주에서 교회를 개
척한 박보규 목사님이었다. 목사님에게는 두 아들이 있었다. 개척
후 2년이 되어 갈 무렵, 큰아이가 어린이집에서 건강 검진을 받았
다. 그런데 이상 소견이 나왔다. 목사님은 아이를 큰 병원에 데려가

서 다시 검사를 받도록 했다. 거기서 골수 기능이 상실한 재생 불량성 빈혈이라는 진단을 받은 것이다. 의사는 조혈모 세포, 즉 골수 이식을 받지 않으면 아들의 생명이 위험하다고 했다.

목사님은 하나님을 원망하며 자식을 잃게 될까 봐 두려웠다. 기증자를 찾는 일도 문제였지만, 이 병은 억 단위의 고액의 치료비가 들어가는 병이었다. 기증자가 나타나더라도 돈이 없어서 수술하지 못할까 봐 두려웠다. 그래서 아들의 치료비를 후원받기 위해 온 힘을 다 쏟았다. 기독교 방송사와 여러 단체에 연락해서 후원과 기도를 요청했다. 그 결과 4~500명의 후원자가 성금을 보내 주었고, 여러 단체와 교회를 통해 1억이 넘는 치료비를 마련하였다. 목사님은 이제 아들을 살릴 수 있겠다는 생각에 안도하며 감사했다.

한편, 조혈모 세포 은행에 기증 대상자를 의뢰한 결과, 10만 명 중에서 8명이 아들의 유전자와 일치한다는 이야기를 들었다. 기증자와 수혜자 사이를 연결해 주는 코디네이터로부터 첫 번째 대상자가 다행히 기증을 수락했다는 소식을 들었다. 목사님은 이제 모든 일이 순조롭게 진행될 것이고, 아들도 살 것이라는 생각에 마음이 평안해졌다. 그러나 그 평안은 오래가지 못했다. 첫 번째 기증 대상자의 건강에 문제가 생겼고, 수술을 할 수 없게 된 것이다. 안도했던 목사님의 마음에 다시 두려움이 찾아왔다. 그 후로 일곱 번째 대상자에게까지 연락을 취했지만 모두 거절했다는 대답만 들었다. 이제 기증 대상자는 단 한 명 남았다. 자식을 잃게 될지 모른다는 두려움은 점점 더 커졌다. 도와주시지 않는 하나님이 그저 원망스러웠다.

목사님은 마지막 남은 기증 대상자가 기증할 수 있도록 다시 방송사에 기도 요청을 했고, 수천 명의 사람이 마지막 기증 대상자를 위해 함께 기도했다. 간절한 기도가 하늘 보좌를 움직였는지 코디네이터로부터 마지막 기증 대상자가 기증을 수락했다는 소식을 들었다. 그 후 조혈모 세포 기증과 이식 수술이 성공적으로 이루어졌다. 모든 일이 꿈만 같았다.

목사님이 무균실에서 아들을 간호하고 있을 때, 코디네이터가 기증자가 준 것이라면서 손 편지 한 통을 전해 주었다. 편지를 읽던 목사님의 눈에 눈물이 흘렀다. 그동안 아들을 잃게 될까 봐 두려워했던 자신의 마음을 하나님이 다 알고 계신 것 같았다. 그리고 하나님이 보이지 않는 곳에서 아들을 위해 일하고 계셨다는 사실도 편지 속에서 느낄 수 있었다. 그 순간 목사님은 하나님의 얼굴을 마주하고 있는 것 같았다. 그리고 이날의 경험은 평생 잊지 못할 인생의 전환점이 되었다.

> 모세가 백성에게 이르되 너희는 두려워하지 말고 가만히 서서 여호와께서 오늘 너희를 위하여 행하시는 구원을 보라 너희가 오늘 본 애굽 사람을 영원히 다시 보지 아니하리라 _출 14:13

| 15년 동안 나를 찾았다고요? |

박보규 목사님은 무균실에서 하나님을 만나게 되자 아들의 조혈모세포 기증자를 직접 만나고 싶었다. 그래서 아이에게 써 준 편지를 가슴에 품고 다니며 찾기 시작했다. 기증자가 편지 속에 나오는 '영웅이 엄마'라는 점을 단서로 하여 집회에서, 또 라디오 방송을 통해서 기회가 생길 때마다 간증했다. 무려 15년 동안 찾기 위해 노력했지만 찾을 수가 없었다. 그러는 사이 아들은 건강하게 잘 자라서 충북 장애인 축구 선수단에 프로 선수로 입단하였다.

코로나19가 한창이던 2021년 5월 박보규 목사님이 담임하고 있는 상록수교회에 목사님의 친구 목사님이 방문했다. 이런저런 이야기를 하다가 목사님은 영웅이 엄마를 꼭 찾고 싶으니 친구에게 도와 달라고 했다. 그 당시 목사님의 친구는 CBS를 비롯하여 방송과 집회 등 외부 사역을 활발히 하고 있었다. 그래서 자신의 간증을 방송에서 대신 좀 해 줄 수 없냐고 부탁했다. 15년 전부터 모든 사연을 알고 있던 친구는 생각해 보겠노라고 하고 헤어졌다. 2주간 고민하던 친구는 박보규 목사님에게 전화하여 직접 방송에 출연해 간증을 해 보면 어떻겠냐고 제안했고, 목사님도 수락하였다. 마침 친구 목사님에게 "CBS 새롭게 하소서" 막내 작가 연락처가 있었다. 그래서 작가에게 연락해서 박보규 목사님과의 인터뷰를 부탁했다.

막내 작가님은 새롭게 하소서 세 번째 간증자가 녹화하고 있던 시간에 박보규 목사님에게 전화했다. 그리고 어떤 내용의 간증인지 잠깐 나눠 달라고 했다. 목사님은 큰아들에게 일어났던 일을 차분히 간증하기 시작했다. 그러다 편지를 써 준 분이 '영웅이 엄마'라고 했다. 그러자 작가님은 떨리는 목소리로 말했다.

"목사님이 말씀하신 영웅이 엄마가 지금 여기서 녹화하고 계세요."

작가님은 눈물이 나서 더 이상 통화가 어렵다고 하고는 전화를 끊었다. 방송국에서는 그날 총 네 번의 녹화가 있었다. 세 번째 간증 녹화자가 영웅이 엄마, 바로 나였다. 알고 보니 나의 녹화 일정이 2주 연기된 사이에 친구분이 청주에 내려가서 박보규 목사님을 만났고, 2주 후 내가 녹화하던 시간에 두 분이 다시 통화했던 것이다.

이날 있었던 나와 박보규 목사님의 놀라운 만남 이야기는 2021년 8월 "새롭게 하소서" 방송을 통해 나갔다. 글을 쓰고 있는 현재 기준으로 유튜브 조회수가 195만 회를 넘었다. 많은 사람이 이 영상을 보면서 지금도 살아서 역사하시는 하나님께 영광을 올려드렸다.

내가 산을 향하여 눈을 들리라 나의 도움이 어디서 올까 나의 도움은 천지를 지으신 여호와에게서로다_시 121:1-2

| 방 송 후 찾 아 온 건 강 악 화 |

"CBS 새롭게 하소서" 방송이 나간 후, 여러 가지 변화가 있었다. 교회에 찾아오거나 전화로 상담과 기도를 부탁하는 분들이 생겼다. 온라인 실시간 예배 접속자도 늘었고, 유튜브 구독자도 순식간에 1천 명이 넘었다. 또 격려의 댓글과 함께 교회 계좌로 후원금을 보내

오신 분들도 있었다. 가족 넷이 예배를 드리다가 한 명, 두 명 성도님이 찾아와 같이 예배를 드렸고, 또 걱정했던 교회 재정도 채워 주셔서 감사했다.

그리고 외부에서 간증 설교를 해 달라는 요청도 받았다. 특히, 순복음원당교회의 다니엘 기도 대성회 강사로 초청받았을 때는 감회가 새로웠다. 개척 교회 담임전도사인 내가 존경하는 조용기 목사님의 제자 교회에서 간증 설교를 하게 된다니 꿈만 같았다. 나를 향하신 하나님의 계획이 내 생각보다 크고 깊다는 생각이 들었다.

그래서 교회를 개척하면서 중단했던 신학교 박사 논문을 빨리 마무리 짓기로 마음먹었다. 오랜만에 지도 교수님을 찾아뵙고, 열심히 논문을 쓰기 시작했다. 예비 심사일이 다가오던 2021년 10월 어느 날이었다. 오전에 교회에 와서 노트북을 켜고 의자에 앉았는데, 갑자기 숨이 쉬어지지 않았다. 식은땀이 나고 당장이라도 숨이 막혀 죽을 것만 같았다. 황급히 교회 근처에 있는 병원으로 달려갔다. 심전도 검사를 받았지만 이상 소견은 없었다. 그런데 이날 이후로 몸에 이상 증상이 계속 나타났다.

한번은 모교인 한세대학교에 다녀오는 길이었다. 자가용을 운전하며 터널을 지나가는데 현기증이 나고 다시 죽을 것만 같은 공포감이 몰려왔다. 아무래도 공황 장애 같다는 생각이 들었다. 갑자기 이게 왜 나타났을까? 혹시 마귀의 방해는 아닐까? 열심히 기도했다. 하지만 그 후로 비슷한 증상이 계속 나타났다. 그리고 어떤 날은 새벽에 위액이 역류하여 식도가 타는 듯한 고통을 느끼며, 밤을 지새웠다. 병원에 가니 역류성 식도염이라고 했다. 약을 지어 왔지만, 속이 불편하여 음식과 약을 먹을 수가 없었다. 그러면서 숨이 쉬어지지 않는 증상이 반복되었다.

나는 논문도 논문이지만, 순복음원당교회에 강사로 가야 했기 때문에 너무 난감했다. 갑자기 나타나는 이상 증상에 불안했다. 하지만, 하나님이 보호해 주실 것을 믿고 집회에 갔다. 다행히 첫 외부 집회 간증 설교는 무사히 마칠 수 있었다. 그러나 살면서 처음 겪어 보는 죽음의 공포 속에서 음식도 제대로 먹지 못하니 두 달 만에 체중이 9kg이나 빠졌다. 논문 심사도 포기해야 했다. 도대체 나에게 무슨 일이 일어나고 있는 것일까?

여호와께서 그를 병상에서 붙드시고 그가 누워 있을 때마다 그의 병을

| 몸 을 고 쳐 주 지 않 으 신 이 유 |

내 몸에 일어나는 일이 도무지 이해되지 않았다. 불과 몇 달 전 박보규 목사님과의 만남을 통해 하나님의 큰 위로를 받았고, 교회에도 성도가 오기 시작하면서 개척 후 가장 행복한 시간을 맞이하고 있었다. 그런데 역설적으로, 살면서 가장 큰 질병의 고통을 겪고 있으니 말이다. 처음에는 마귀가 주는 시험인 줄 알고 열심히 기도했다. 또 혹시 모를 부지중에 지은 죄가 있는지 회개도 했다. 그리고 치유를 선포하며, 할 수 있는 방법은 다 취했다. 하지만 아무런 변화가 없었다. 그래서 하나님의 뜻이 무엇인지 알려 달라고 기도했다. 주님은 계속 침묵하셨다. 간절히 기도함에도 침묵하신 경우는 회심 후 처음이었다. 다만, 지금 당하고 있는 질병의 고통을 오롯이 감내하길 원하신다는 것은 알 수 있었다.

그래서 그때부터 내 몸에 관심을 가지기 시작했다. 일단 병의 원인을 찾고자 병증과 관련하여 알아보기 시작했다. 병증이 나타날 때마다 그 증상을 대처할 수 있도록 열심히 자료를 찾아가며 공부했다. 내 몸에 이렇게 관심을 많이 가져 본 것은 태어나서 처음이었다. 이전까지만 해도, 병원에 가면서 기도하면 금방 좋아지곤 했기에 그럴 필요가 없었다. 그런데 이제는 그게 통하지 않으니, 고통에서 벗어나기 위해 열심히 알아보았다.

다행히 몸이 점점 좋아지기 시작했다. 병원에서 타온 약은 하나도 먹지 않은 채 운동과 식이요법만으로도 몸이 좋아졌다. 가장 무서웠던 공황 증상도 점점 사라졌고, 밥도 조금씩 먹을 수 있게 되었다. 체중이 급격히 빠져서 보는 사람마다 걱정했지만, 나는 오히려 정신이 맑고 몸이 가벼워서 좋았다.

예전에는 비정상적으로 체중이 늘었다. 방송 출연 당시가 가장 심했다. 물만 먹어도 살이 찐다더니 내가 그랬다. 어느 날부터 소화가 잘 안 되어서 음식을 적게 먹는데도 체중이 계속 늘어서 힘들었다. 지금 와서 생각해 보면, 몸에 있는 만성 염증으로 인해 잘 붓고 기운도 없었던 것 같다. 하지만 운동과 식이요법을 하며 좋은 영양제도 꼬박꼬박 챙겨 먹으니, 지금은 이전보다 더 건강해졌다. 물론 건강을 회복하는 데는 2년이라는 시간이 걸렸다. 불과 4개월 전까지도 아직 체력이 완전히 돌아온 것은 아니어서 책을 써 나갈 수 있을지 걱정스러웠다. 하지만 지금은 탈고를 할 수 있을 만큼 체력이 좋아졌다.

예전에 나는 하나님이 책임져 주실 것이라는 생각으로 건강 관리를 하지 않았다. 40대가 되면서 여러 가지 건강 이상 신호가 있었지만, 그저 믿음과 은혜로만 감당하려고 했다. 물론 순간순간 주님께서 버틸 수 있는 힘을 주셨기에 지금까지 살 수 있었다. 하지만 교회도 개척했고, 앞으로 주님의 크신 뜻을 이루며 살기 위해서는 더 이상 건강을 방치해서는 안 되었다. 그래서 주님이 건강을 소홀히 하면 어떤 일이 벌어지는지 자각하도록 그냥 두신 것이라 생각된다.

한번은 병증으로 힘들어하며 가까스로 주일 설교를 준비하고 있었다. 그때 주님의 위로가 있었다. 사도 바울이 몸에 있는 가시로 인해 세 번을 간절히 기도했지만, 고쳐 주지 않으셨다. 그것은 하나님이 바울의 몸을 하찮게 보시거나 그가 하는 전도가 마음에 들지 않아서도 아니었다. 그 반대였다. 사도 바울이 주님에게 너무 소중하고, 이방인을 위한 전도의 사명이 너무 귀했기 때문이다. 귀한 사역을 주님이 사랑하시는 바울이 잘 감당하기 원하셔서 그 병이 그대로 있게 두셨다. 그러자 바울이 이렇게 고백한다.

> 나에게 이르시기를 내 은혜가 네게 족하도다. 이는 내 능력이 약한 데
> 서 온전하여짐이라 하신 지라 그러므로 도리어 크게 기뻐함으로 나의
> 여러 약한 것들에 대하여 자랑하리니 이는 그리스도의 능력이 내게 머
> 물게 하려 함이라_고후 12:9

주님은 내게도 감동을 주셨다.

> "딸아, 네 고통을 몰라서도 아니고, 성도 수가 적다고 교회를 무시해서
> 도 아니다. 내가 세운 한빛교회가 소중하고, 앞으로 목회를 감당할 네
> 가 너무 소중하기 때문이란다."

나는 설교를 쓰다가 눈물이 나서 더 이상 쓸 수가 없었다. 교회에 성
도가 오고 할 일도 많은데, 왜 이 시점에 아프도록 내버려 두시는지
이해가 안 되었다. 그런데 오히려 나와 우리 한빛교회를 아끼셔서
그러셨다는 사실에 감사하게 되었다.

지금도 주님을 위하는 마음으로 자기 몸을 돌보지 않는 사역자가
많다. 그러다가 중병으로 고통받으시는 분도 있다. 하지만 정말 주
님을 위해 오래 쓰임받고자 한다면, 주님이 내게 주신 몸 또한 애정

을 가지고 잘 돌보아야 한다. 그것이 나를 향하신 주님의 뜻이다. 주님은 우리에게 사역도 중요하지만, "나에겐 너도 매우 소중하단다. 너의 몸도 너의 사역처럼 돌보거라"라고 말씀하신다.

개척 초기에 내 꿈에 나타나신 예수님께서 내 몸이 약하다고 안타까워만 하시고 치료해 주지 않으신 이유를 그래서 깨닫게 되었다. 주님은 일시적인 신유보다는 나 스스로 몸을 관리하여 더 건강한 몸으로 오래도록 주의 일을 감당하기 원하셨던 것이다.

> 사랑하는 자여 네 영혼이 잘됨 같이 네가 범사에 잘되고 강건하기를 내가 간구하노라_요삼 1:2

| 14년 만에 목사 안수를 받다 |

하나님의 부르심을 따라 2008년도에 아신대에 입학했다. 4년의 대학 생활을 마치고, 주님은 순복음 교단의 한세대학교 영산신대원으로 인도하셨다. 거기서 목회학석사(M.Div.), 신학석사(Th.M.), 신학박사(Ph.D.)의 과정을 6년 만에 마쳤다. 과거 출산으로 인한 휴학 1년을 포함하여 11년 만에 모든 과정을 수료하였다. 아신대에 입학할 때만 해도 이렇게 오래도록 공부하게 될 줄은 몰랐다. 더구나 교회를 개척하여 목회자가 될 거라고는 상상도 하지 못했다. 아니 나를 향하신 하나님의 크신 뜻을 짐작조차 할 수 없었다.

2022년 5월 21일, 나는 순복음 교단인 기하성 서울남서지방회 주관으로 서울순복음교회에서 목사 안수를 받았다. 신학 공부를 시작한 시점으로부터 14년이 걸렸다. 요즘 우리나라에서도 여성 교역자에게 목사 안수를 주는 교단이 늘어나긴 했지만, 보통은 여성 교역자가 목사 안수를 받기가 쉽지 않다. 우선 내가 속한 기하성 교단 헌법상으로도 남, 여 교역자의 목사 안수 조건이 다르다. 남자는 지방회에 등록한 자로 3년간 부교역자로 사역하면 목사 안수를 준다. 그러나 여자는 선교사로 파송받는 경우를 제외하고, 10년을 부교역자로 사역해야 목사 안수 대상이 된다. 단, 여성 교역자라도 교회 개척 2년을 하면 목사안수를 받을 수 있다. 그것도 교단 정기 총회가 있는 5월 이전에 개척할 경우다. 5월이 지나면 3년이 걸린다. 나는 후자에 속했다. 그래서 개척 후 3년 만에 목사 안수를 받았다.

목사 안수를 앞두고 많은 생각이 스쳤다. 장로교회에 있을 때, 남자 신학생과 목회자도 넘쳐나는데 여자가 뭐 하러 신학 공부를 하냐는 말을 들었다. 가정을 잘 돌보면서 교회에서 봉사하는 것으로 만족하라고 했다. 그래도 사역을 하니까 전도사로 만족하고 목사 안수는 절대로 받지 말라고도 했다. 이런 것 외에도 남자 신학생들과 똑같이 공부하고, 열심히 사역해도 여자라서 받는 차별에 마음 상할 때도 있었다.

목회 현장은 더 심했다. 이단에서 성경 공부라는 이름을 가지고 여신도들이 적극적으로 포교 활동을 하면서, 우리 교회까지 이단으로 오해받는 일도 있었다. 교회 근처에 이단 교회들이 있다 보니 더 그랬던 것 같다. 아무리 전도해도 교회에 오는 사람이 없었다. 남자 목사에게 익숙한 사람들이 많다 보니 무시당하는 일도 다반사였다.

이런 상황 속에서 코로나19 팬데믹까지 오자 너무 절망스러웠다. 왜 연고도 없는 서울 영등포까지 와서 교회를 개척하게 하셨냐고 주님을 원망하기도 했다. 하지만 그럴 때마다 주님은 나를 위로해 주셨다. 내가 생각하지 못할 방법으로 교회를 이끌어 가겠다고 하셨다.

목사 안수식이 있기 전날, 이렇게 지난날들을 회상하며 여기까지 인도해 주신 하나님께 감사의 기도를 올려드렸다. 그러자 성령님의 감동이 왔다. 그동안 내게 상처 주었던 사람들을 용서하라고 하셨다. 그동안 용서했다고 생각했지만, 주님은 아니라고 하셨다. 그래서 그들을 진심으로 용서하려고 하자 눈물이 흘렀다. 억울하고 속상한 마음이 다시 올라왔다. 그때 주님이 이런 마음을 주셨다.

> "딸아, 나는 네가 (원한이 없는) 깨끗한 마음으로 안수받고, 이 귀한 목회를 잘 감당하기 원한다."

목사 안수식 전날 밤, 주님의 은혜로 내 안에 있는 더러운 감정을 깨끗이 씻었다. 마치 주님이 나를 씻겨 주시고 목사 안수식을 축복해 주시는 것 같았다. 내 마음에는 기쁨과 평안이 흘러넘쳤다.

> 그들의 발을 씻으신 후에 옷을 입으시고 다시 앉아 그들에게 이르시되 내가 너희에게 행한 것을 너희가 아느냐, 내가 주 또는 선생이 되어 너희 발을 씻었으니 너희도 서로 발을 씻어 주는 것이 옳으니라_요 13:12, 14

내가 목사 안수를 받던 날, 이천시에서 살고 있던 친정 오빠가 아버지를 모시고 왔다. 바쁜데 시간 내어 참석해 준 오빠가 고마웠다. 안수식을 마치고, 오빠에게 전화를 걸었다. 그랬더니 오빠가 할 이야기가 있다고 했다.

내가 안수식을 한 동네가 예전에 우리가 살던 곳이라고 했다. 아버지가 신학교 다닐 때, 우리 가족은 서울로 이사했었다. 그때 오빠와 나는 국민학생이었다. 어머니는 근처 시장에서 국밥 장사를 하셨고, 아버지는 동네에 있는 작은 교회에서 전도사로 사역하셨다. 아버지는 틈만 나면 뒷동산에 올라 기도하셨다. 그러다 건물을 줄 테니 교회를 개척하자는 제안을 받으셨는데, 아버지는 그냥 결정할 수 없어서 15일간 삼각산에 올라 금식하며 기도하셨고, 하나님께 응답을 받은 후에 기쁜 마음으로 내려오셨다. 하지만 마귀가 주는 시험을 이기지 못하여 교회 개척의 비전과 목회자의 사명도 다 접게 되었다.

그런데 오빠 말이 아버지가 다 포기하고 떠난 동네가 바로 여기라는 것이다. 내가 목사 안수식을 했던 곳은 관악구에 있는 서울순복음교회였다. 교회 뒤에 관악산이 있었다. 아버지가 바로 그 산을 오르내리며 주의 종이 되겠다고 기도하곤 하셨다는 것이다. 나도 저학년이었지만 그때의 일을 기억하고 있다. 그런데 거기가 이 동네인 줄은 몰랐다.

오빠는 자신의 신앙이 깊지는 않지만, 아버지가 실패하고 떠난 동네에서 아들도 아닌 딸이 목사로 세워지는 것을 보며, 하나님이 정말 살아 계신다는 것을 느꼈다고 했다. 나는 오빠의 말이 맞는지 확인하기 위해 아버지께 연락을 드렸다.

아버지는 오빠와 함께 오는 차 안에서 창문 너머 관악산이 나타나자, 눈물이 핑 도셨다고 했다. 40년 전, 주의 종이 되겠다고 밤낮으로 금식하며 산기도 다니던 시절이 어제 일처럼 떠오르셔서, 그 산을 다시 올라가 보고 싶은 정도였다는 것이다. 그래서 딸이 목사로 안수받는 내내 아버지는 눈물을 흘리시면서 이렇게 기도하셨다고 했다.

> "주님, 나는 마귀의 시험에 이기지 못해 실패했지만, 내가 실패하고 떠난 곳에서 딸을 목사로 세우시고, 내가 못 이룬 목회의 꿈도 이루게 하시니 감사합니다."

아버지의 이야기를 듣자 나도 눈물이 흘렀다. 고향이나 다름없는 구리시를 떠나 왜 서울까지 와서 개척하도록 하셨는지 이해가 되었다. 바로 40년 전 아버지의 기도에 응답하시기 위해서였다. 특별히, 하나님은 아버지가 실패하고 떠났던 관악구에서 목사 안수식을 갖게 함으로써, 지난날 아버지의 기도가 헛되지 않았음을 우리로 하여금 알게 하셨던 것이다.

전화를 끊고, 성령님은 내가 그동안 아버지를 무시했던 마음을 회개하라는 감동을 주셨다. 사명을 끝까지 감당하지 못한 아버지를 보며, 내가 여기까지 온 것은 나 스스로 믿음을 잘 지켜서라고 생각한 때가 있었다. 그런데 내 공로가 아니라 부모님이 물려주신 기도의 유산이며, 기도에 응답하시는 신실하신 하나님의 은혜라는 것을 깨닫게 하셨다.

그리고 교회를 개척하고 아무도 후원자가 없을 때, 우리 한빛교회에 처음으로 정기 후원을 해 주겠다고 한 교회가 바로 여기 서울순복음교회였다. 그런데 이 교회에서 내가 목사 안수를 받았고, 3주 후 목사로서는 처음으로 이곳에 와서 외부 간증 설교를 했다. 모든 것이 우연히 일어난 일이 아니라, 하나님의 크신 뜻 가운데 계획된 일이었다. 아버지가 기도로 쌓아 두었던 곳에서 내가 그 열매를 거두었던 것이다.

다윗이 성전 짓기를 간절히 원했지만, 하나님은 다윗이 아닌 아들 솔로몬을 통해 성전을 짓도록 응답해 주셨다. 마찬가지로 하나님은 아버지가 금식하며 간절히 드린 기도를 잊지 않으셨다. 그리고 40년 만에 딸을 통해서 그 기도에 응답해 주셨다.

> 그를 향하여 우리가 가진 바 담대함이 이것이니 그의 뜻대로 무엇을 구하면 들으심이라 우리가 무엇이든지 구하는 바를 들으시는 줄을 안즉 우리가 그에게 구한 그것을 얻은 줄을 또한 아느니라_요일 5:14-15

│ 알코올 중독에서 벗어난 유튜브 구독자 │

코로나19는 나에게 위기를 가져왔지만, 기회를 가져온 것도 사실이다. 코로나19가 아니었으면 페이스북이나 인스타그램, 유튜브와 같은 다양한 SNS를 하지 않았을 것이다. 특히 유튜브 채널은 운영할 엄두조차 내지 못했을 것이다. 만약 그랬다면 나의 목회가 어떻게 달라졌을까? 지금으로서는 상상도 할 수 없을 정도로 '개척교회tv'

는 주님의 크신 뜻을 이루어 가는 귀한 통로가 되고 있다. 하지만 채널 운영에 회의감이 찾아올 때도 있었다.

코로나19 거리두기가 해제되면서 채널 운영을 계속해야 할지 고민이 많았다. 조회수가 현저히 감소했고, 실시간으로 함께 주일 예배를 드리던 분들의 댓글도 많이 사라졌다. 그러자 회의감이 들었다. '함께 예배드리는 사람도 몇 명 없는데, 힘들게 온라인 예배를 매주 준비할 필요가 있을까?' 그리고 실시간 예배에 따른 여러 가지 준비와 설교 녹화에 대한 부담감으로부터 편안해지고 싶었다. 하나님께 주일 예배 방송 건을 놓고 기도드렸다. 응답이 없으시면 이번 주부터 실시간 예배를 중단하고 설교도 올리지 않겠다고 기도드렸다.

토요일 오전, 낯선 번호로 전화가 왔다. 전화를 받자마자 자신에게 알코올 중독자인 친구가 있는데 그를 위해서 기도해 줄 수 있냐고 물어보셨다. 조금 당황스러웠지만, 친구 기도를 굳이 나에게 부탁하게 된 경위를 차근차근 여쭈었다. 자초지종은 이랬다.

이분은 이름만 대면 알 수 있는 유명 교회에 다니는 성도였다. 하지만 믿음이 깊지 않았다. 주일 예배 시간이면 목사님이 잘 보이지 않는 기둥 뒤에서 존재감 없이 예배를 드리고는 혼자 집에 가곤 했다. 그러던 중 우연히 유튜브를 통해 내가 출연한 "새롭게 하소서" 방송을 보고 감동하여 우리 한빛교회 채널에 들어오게 되었다. 채널 구독을 하고서 실시간 온라인 예배가 있다는 것을 알게 되었고, 거리두기 제한으로 교회에 가지 못하는 날에는 함께 예배를 드리기도 했다. 그러면서 설교와 예배 시간을 통해 치유를 선포하는 기도가 있다는 것을 처음 알게 되었다.

구독자님은 건축과 관계된 일을 하고 있어서 365일 술을 마시지 않는 날이 없었다. 하루는 출근하기 위해 차에 오르는데, '내가 왜 이렇게 살아야 하는가?' 하는 생각이 들었다. 그 순간 한빛교회의 예배 시간에 믿음으로 명령하고 치유를 선포하라고 했던 말씀과 기도가 생각나 예수님의 이름으로 병마를 쫓고, 축복을 선포했다.

"알코올 중독의 영아, 예수 그리스도의 이름으로 떠나가라!"

기도 후, 운전하여 일터에 도착해 하루도 빠짐없이 들리던 마트에 갔다. 습관적으로 술이 진열된 코너로 걸어갔다. 그런데 이상한 일이 생겼다. 술병을 잡으려고 손을 뻗자, 손가락이 오그라드는 것이었다. 그러면서 술 생각이 사라졌다. 몇 번이나 술을 잡으려고 시도하다 안 되어서 술을 사지 않았다. 처음 있는 일이었다. 구독자님은 몇 년 만에 술을 먹지 않고 하루를 보냈다. 다음날도 같은 일이 일어났다. 그러기를 거의 1년이 다 되었고, 어느덧 알코올 중독에서 벗어났다. 술을 마시지 않으니, 정신이 맑아져서 자녀와 대화하고 놀아 줄 수 있게 되었다. 그러니까 가족도 좋아하고 삶이 즐겁고 행복해졌다.

구독자님은 자신이 누리고 있는 행복을 친구도 누리기를 원했다. 그래서 교회도 나가고 술도 끊어 보라고 여러 번 권했지만, 술을 끊지 못하는 친구가 안타까워서 기도를 부탁하고자 전화했다는 것이다. 나는 자초지종을 들은 후, 구독자님과 친구를 위해서 간절히 기도해 드렸다.

그동안 온라인 예배를 통해 하나님께서 어떻게 일하고 계시는지 알 수 없었는데, 귀한 간증을 듣게 되니 위로와 큰 힘이 되었다. 아울러 실시간 온라인 주일 예배를 중단하고, 설교도 올리지 않으려고 했던 마음을 회개했다. 단 한 명이라도 말씀에 은혜받고 복된 삶을 살아갈 수만 있다면 그것만으로도 그 수고가 가치 있다는 생각이 들었다. 또한, 하나님이 말씀을 통해서 역사하신다는 사실을 다시 한 번 마음에 새기는 기회가 되었다.

이날 이후로 나는 조회수에서 자유로워졌다. 비용을 들여 더 좋은 카메라와 방송 장비를 갖추었다. 지금도 실시간 예배 및 설교 영상의 말씀을 통해서 하나님이 일하고 계심을 믿는다.

> 하나님의 말씀은 살아 있고 활력이 있어 좌우에 날선 어떤 검보다도 예리하여 혼과 영과 및 관절과 골수를 찔러 쪼개기까지 하며 또 마음의 생각과 뜻을 판단하나니_히 4:12

| 다음 세대 선교회와의 만남 |

방송 출연 후, 현장 예배와 온라인 예배에 성도가 늘어나면서 교회가 부흥하는 것 같았다. 하지만, 코로나19 사회적 거리두기가 완화되면서 온라인 예배 성도들이 줄기 시작했다. 현장에서 함께 예배드리던 성도들도 대부분 1년을 못 채우고 떠났다.

가족만 있던 교회에 성도 한 명이 새로 올 때마다 얼마나 기쁜지 모른다. 그 한 명으로 인해 설교가 달라지고 교회의 분위기도 달라진다. 특히, 개척 교회에 오는 분들은 그냥 오는 분들이 없다. 저마다 특별한 사연을 가지고 온다. 그래서 예배가 끝나도 좀처럼 집에 가지 않고, 함께 식사하고 대화하며 마음을 많이 나눈다.

그렇다고 친교만 하는 것은 아니다. 성도가 많든 적든 성경 공부와 심방, 중보 기도, 전도, 소풍 등 해야 할 사역은 보통의 교회처럼 똑같이 한다. 아니 더 하면 더 했지, 덜 하지는 않는다. 그러니 이렇게 애정을 가지고 마음을 나누었던 성도가 갑자기 연락도 없이 나오지 않거나 떠나겠다고 하면 힘이 빠지는 것이다. 특히, 설교하러 강단에 섰을 때, 떠난 성도의 빈자리를 보는 순간 밀려오는 허전함이란 이루 다 말할 수가 없다. 그래서 사람을 바라보지 않고, 주님만 바라보며 목회하겠노라고 다짐하고 또 다짐하기를 반복한다. 그러나 막상 성도가 떠나면 다짐한 것처럼 쉽게 마음이 정리되지 않는다. 그래서인지 새로운 성도가 오더라도 이 성도도 언제 떠날지 모른다는 생각에 마냥 기뻐할 수도 없게 되었다. 교회 창립 3주년이 다 되어 갈 즈음, 이 문제를 놓고 나의 솔직한 마음을 하나님께 올려 드렸다.

"아버지, 이렇게 힘 빠지는 목회라면 저는 앞으로 감당할 자신이 없어요. 주님만 바라보며 즐겁게 목회할 수 있도록 새로운 비전을 주세요!"

기도를 드리고, 잠시 쉬면서 페이스북 앱을 켰다. 김영한 목사님이 공동 대표로 있는 '다음 세대 선교회(Next 세대 Ministry)'에서 올린 '개척 교회 세미나' 게시글이 가장 먼저 올라왔다. 사실 개척한 후로는 외부 세미나에 큰 관심이 없었다. 체력도 안 되었지만, 잘 모르는 목사님들과 함께 집회에 참석하는 것 자체가 부담스러웠다. 그런데 이상하게 이번 개척 교회 세미나는 보자마자 관심이 갔다. 자세히 살펴보니 줌(zoom)으로 진행하는 세미나였다. 잘 모르는 남자 목사님들과 화상으로 세미나를 들어야 한다는 사실에 부담이 되기는 했지만, 용기를 내서 신청하고 참석했다. 감사하게도 김영한 목사님이 환대해 주셨다. 그때부터 다음 세대 선교회에서 좋은 분들과 좋은 만남을 이어 가게 되었다. 그리고 주님은 다음 세대를 향한 비전을 주기 시작하셨다.

보라 형제가 연합하여 동거함이 어찌 그리 선하고 아름다운고_시 133:1

| 나가라, 만나라! |

개척 교회 세미나를 신청한 후, 다음 세대에 대한 생각이 계속 떠올랐다. 따지고 보면, 나도 교회학교 교사와 교육전도사까지 20년을 넘게 사역했으니 다음 세대 전문 사역자였다. 그러나 다음 세대 사역은 쉽지 않았다. 우리 교회는 목동과 가깝고, 크고 유명한 교회들이 이미 주위에 많이 있었다. 그리고 생활 수준이 높은 편이어서 상가 지하에 있는 작은 교회에 청년이나 학생들이 올지도 의문이었다. 재정의 문제도 있었다. 다음 세대 사역은 투자를 많이 해야 한다. 전도든 교육이든 무엇을 하든 돈이 많이 든다. 그런데 문제는 돈이 있다고 해도 학생들이 온다는 보장이 없다는 사실이다. 요즘 큰 교회도 하기 힘들다는 다음 세대 사역을, 성도도 없고 재정적으로 자립도 하지 못한 우리 교회가 어떻게 할 수 있을까? 기도는 했지만, 현실적으로 무모해 보이는 일이었다.

그렇게 고민하고 있을 때, 계속 하나님께서 주시는 마음이 있었다. 그것은 '나가라, 만나라!'는 것이었다. 사실 이때까지도 1년 전 무너진 몸이 완전히 회복하지 않았다. 음식 먹는 것은 어느 정도 좋아지긴 했지만, 차를 타면 어지럼증과 멀미가 심했다. 또, 컨디션에 따라 갑자기 몸이 방전된 것처럼 기운이 없어지는 무기력증에 시달리고 있었다. 그래서 장거리 외출은 특별한 일 아니고는 하지 않았다. 그런데도 '나가라, 만나라!'는 단어가 계속 머리에 맴돌았다. 나는 나가고 만나는 것이 하나님의 뜻이라면, 분명히 주님이 붙들어 주실 것이라는 믿음이 생기기 시작했다.

마침 10월에 한세대학교 신대원 총동문회가 있었다. 서울에서 학교가 있는 군포까지 자가용으로도 1시간이 걸렸다. 남편이 휴가를 내서 함께 가겠다고 했지만, 믿음을 갖고 혼자 대중교통을 이용해 가보기로 했다. 믿음으로 한 발짝 내디뎠을 때, 요단강이 갈라졌던 것처럼 1년 만에 처음으로 내디딘 여행길에 하나님이 함께하셨다. 그토록 괴롭히던 병증들이 나타나지 않았다.

학교에 도착해 졸업한 동문을 만나니 반가웠다. 거기서 두 명의 전도사님과 함께 차를 마시게 되었다. 그분들과 다음 세대에 대한 마음을 나눴다. 우리 교회가 오래된 아파트 상가 지하에 있는데 과연 다음 세대가 올지 의문스럽다고 말했다. 그러자 청년 전도사님이 자신의 경험담을 나누어 주었다. 갈급한 청년들에게는 교회의 외적인 환경이 그리 중요한 문제가 아니라면서 주님이 주신 마음이라면 해 보는 게 좋겠다고 용기를 주었다. 환경을 탓하고 있었는데, 문제가 안 된다고 하니까 큰 위안이 되었다.

지혜로운 자와 동행하면 지혜를 얻고 미련한 자와 사귀면 해를 받느니라_잠 13:20

| 청년들의 성지 홍대에서 하나님을 만나다 |

두 전도사님과 헤어져 전철을 타고 가는 동안, 집으로 갈지, 아니면 홍대 쪽으로 갈지 계속 고민했다. 찬양 〈주가 일하시네〉를 부른 브라이언 킴 찬양 사역자가 우리 교회에 와서 찬양 예배를 드린 적이 있었다. 그때 브라이언 킴 사역자가 소울브로즈 팀과 함께 드리는 정기 예배가 있다는 사실을 알게 되었다. 2023년 9월부터는 자체적으로 소울팸 선교센터 공간을 만들어서 매주 예배드리고 있지만, 그 당시에는 매월 격주로 홍대 근처 공연장에서 '더워십플레이스(The Worship Place)' 찬양 예배를 드렸다. 홍대가 우리 교회에서 그리 멀지 않았기 때문에 한번 가 보겠노라고 했는데, 마침 이날 저녁 8시에 예배가 있었기에, 고민하다가 "나가라, 만나라!"라고 하셨으니 한번 가 보기로 했다. 다행히, 저녁이 되도록 체력이 괜찮았다.

청년들의 성지라고 하는 홍대 중심부에서 열리는 찬양 예배는 어떤 모습일까? 기대하고 도착한 장소는 최신식 시설의 멋진 소규모 공연장이었다. 홍대 근처에 연극을 보러 몇 번 가 보긴 했는데, 이렇게 어두운 공연장에서 예배를 드린다고 하니 조금 낯설었다. 그리고 청년들과 함께 예배를 드려 본 지도 오래되어서 내가 이곳에 있어도 되나 싶을 정도로 어색했다.

밤 8시가 되자, 브라이언 킴 사역자의 인도로 찬양이 시작됐다. 기대 반, 걱정 반으로 함께 찬양을 불렀다. 여전히 모든 분위기가 어색했다. '공연장에서 드리는 예배에 과연 주님이 은혜를 주실까?' 하는 생각도 들었다. 십여 분쯤 되었을 때, 〈목마른 사슴 시냇물을 찾아〉라는 곡을 함께 부르고 있었다. 그런데 갑자기 마음이 아파졌다. 너무 아파서 신음이 크게 나올 정도였다. 그 순간 성령님의 감동이 왔다.

"딸아, 이 시간에도 목말라 헤매는 나의 자녀들이 너무 많구나."

갑작스러운 성령님의 감동하심에 너무 놀랐다. 공연장에서 처음 드려 보는 예배라 큰 기대감이 없었기 때문에 더 놀랐던 것 같다.

그날 밤 꿈을 꾸었다. 공연장이 있던 장소와 그 주변 건물과 도시를 다 덮칠 만한 엄청난 쓰나미가 순식간에 지나갔다. 그렇다. 지하 공연장에서 드리는 찬양 예배였지만, 거기에도 성령님이 임재하시며 청년들에게 은혜를 부어 주고 계셨다. 나는 이날 다음 세대에 대한 비전을 받았다. 장소가 중요한 게 아니었다. 주님은 갈급해하고 있는 다음 세대 한 영혼을 찾고 계셨다.

> 아버지께 참되게 예배하는 자들은 영과 진리로 예배할 때가 오나니 곧 이 때라 아버지께서는 자기에게 이렇게 예배하는 자들을 찾으시느니라_요 4:23

| 주 가 일 하 시 네 |

다음 세대 사역에 대한 비전을 받기는 했지만, 여전히 현실적인 고민을 하지 않을 수 없었다. 다음 세대 사역을 한다면 어떤 연령층으로 어떻게 할 것인가? 우리 교회에 다음 세대라고는 군대 간 아들과 중학생이 된 딸, 그리고 3개월 전부터 나오기 시작한 신학생 청년 전도사님 한 명뿐이었다. 하지만 다음 세대에 대한 비전을 주신 것이 확실한 만큼 믿음으로 선포하기로 했다.

나는 주일 예배를 마치고 광고 시간에 다음 세대를 세워 가는 교회가 되겠다고 비전을 선포했다. 그리고 목양실에 있는데 반가운 지인으로부터 전화가 왔다. 이분은 내가 집사였을 때부터 알고 지내던 권사님이었다. 하지만 내가 그 교회를 떠난 후로는 개인적으로 연락을 주고받은 적이 없었다. 그래서 오랜만에 통화하니 반가웠다.

권사님은 뒤늦게 내가 나온 "새롭게 하소서" 방송을 보고 큰 은혜를 받았다고 하셨다. 그러나 최근 큰 수술도 하시고 거동하기도 어렵게 되셨다는 소식을 전하셔서 마음이 아파서 같이 울면서 기도해 드렸다. 전화를 끊으려 하자 교회에 헌금을 조금 하고 싶다고 하셨다. 문자로 교회 계좌를 알려 드리고, 바쁜 주일을 보냈다.

나중에 교회 헌금 계좌를 정리하는데, 권사님의 이름으로 300만 원이 입금되어 있었다. 깜짝 놀랐다. 권사님은 형편이 그리 넉넉한 분이 아니셨다. 게다가 남편분이 신앙이 없어서 평생 어려운 형편 속에서 믿음의 길을 지켜 가던 신실한 권사님이셨다. 출처는 여쭈어 보지 않았지만, 권사님은 300만 원을 하나님이 원하는 곳에 쓰고 싶어서 기도하던 중, 나의 간증 방송을 보게 되시고, 그 후 우리 한빛교회에 헌금하고 싶은 마음을 계속 주셔서 하게 되었다고 하셨다.

안타깝고 감사한 마음에 눈물이 났다. 교회 개척 후, 외부에서 이렇게 큰돈을 헌금 또는 후원받은 것은 처음이었다. 게다가 내가 다음 세대 비전을 선포한 직후 일어났기 때문이다. 자립하지도 못한 작은 개척 교회가 돈이 많이 드는 다음 세대 사역을 어떻게 하냐고 고민했던 내 모습이 떠올랐다. 그런데 다른 분도 아니고, 신실한 권사님의 마음에 감동을 주셔서 다음 세대 비전을 선포한 날 헌금하게 하신 것이다.

나는 다음 세대 사역을 주님이 정말 기뻐하신다는 사실을 확신하게 되었다. 그리고 이 감동을 페이스북과 유튜브에 나누었다. 그랬더니 얼굴도 모르는 몇몇 분들이 동참하고 싶으시다고 후원금을 보내오셨다. 그래서 권사님의 헌금을 포함하여 500만 원이 넘는 다음 세대 후원금이 모이게 되었다.

주의 일은 내가 가진 돈으로 하는 게 아니라는 것을 다시금 깨닫게 되었다. 그러면서 내 안에 다음 세대를 향한 열정이 타오르기 시작했다. 주님은 즐겁게 목회할 수 있도록 새로운 비전을 달라고 했던 내 기도에 응답하셨다. 그리고 주님이 일하고 계셨다.

예수께서 떡 다섯 개와 물고기 두 마리를 가지사 하늘을 우러러 축사하

시고 떡을 떼어 제자들에게 주어 사람들에게 나누어 주게 하시고 또 물

고기 두 마리도 모든 사람에게 나누시매, 떡을 먹은 남자는 오천 명이

었더라_막 6:41, 44

등굣길 건빵전도

이제 후원받은 돈으로 할 수 있는 일이 무엇이 있을까 고민하기 시
작했다. 그러다가 청소년 전도를 생각하게 되었다. 교회 근처에 중
고등학교가 있어서 등하굣길에 학생이 많이 다녔다. 그래서 평소에
도 저 아이들에게 전도하면 좋겠다고 생각했었다. 하지만, 선뜻 시
작하기가 어려웠다. 첫째는, 아직 끝나지 않은 코로나19로 인해 학
생이나 학부모에게 거부감이 들지는 않을까 하는 걱정 때문이었고,
둘째는, 수고에 비해 열매를 기대하기가 쉽지 않을 것이라는 생각
때문이었다. 잘 갖춰진 대형 교회에 다니는 청소년들도 교회를 떠
나는 마당에 개척 교회에 올 학생이 과연 있겠는가 싶었다. 실제로
우리 교회는 목동과도 가까워서 근거리에 유명한 큰 교회가 많이
있었다. 이런저런 생각을 하다 보니, 다음 세대 전도를 시작하는 것
자체도 쉽지 않았다.

하지만 주님이 다음 세대를 위해 사역하라고 하시니, 결과는 주님께 맡기고 내가 할 수 있는 것을 해야겠다고 마음먹게 되었다. 그리고 일회성이 아닌 지속해서 같은 시간에 학생을 만날 수 있는 시간을 고려하다 보니, 등굣길이 좋겠다는 생각이 들었다. 그런데 또 다른 고민이 들었다. 전도 용품은 무엇으로 할 것인가?

코로나 팬데믹 상황에서도 우리 교회는 물티슈와 마스크, 전도지 등 여러 가지 전도 용품을 사용해서 쉬지 않고 전도해 왔다. 하지만 등굣길 전도는 처음이라 고민이 많이 되었다. 아침을 거르는 학생이 많아서 먹을 수 있는 간식이 최고라는 생각이 들었지만, 아직 코로나19가 종식된 것이 아니라서 조심스러웠다. 그래도 일단 부딪쳐 보자는 마음으로 완제품 과자 중에 초코파이와 건빵 두 가지를 시도해 보기로 했다. 그리고 쓰레기가 최대한 발생하지 않도록 전도지도 크기가 작은 종이 명함을 직접 주문하여 과자 봉지에 하나씩 부착했다.

2022년 11월, 첫 등굣길 전도를 나갔다. 완연한 가을에서 이제 겨울로 들어가는 길목이라 아침 날씨도 제법 쌀쌀했다. 나뭇구는 낙엽 사이로 건빵이 가득 담긴 쇼핑백을 들고 학교 앞 골목에서 고등학생들을 기다렸다. 하굣길 전도는 해 봤지만, 등굣길은 처음이라 그런지 조금 긴장이 되었다.

　'아이들이 어떤 반응을 보일까?'

드디어 하나 둘, 학생이 골목에 나타나기 시작했다. 나는 무표정하게 다가오는 학생에게 "화이팅!" 하면서 건빵을 주었다. 이게 뭐지 하는 표정으로 한 명이 받았다. 그리고 다음 학생도 받았다. 학생들이 받기 시작하자, 나는 긴장이 풀리기 시작했다. 점점 학생이 많아졌다. 등교 시간이 끝날 때쯤 되자, 학생이 몰려들기 시작했다. 그러다 보니 줄을 서서 한 명씩 받아 가기도 했다. 준비해 간 200개의 건빵을 순식간에 나눠 주었다.

기분이 너무 좋았다. 학생 중에는 건빵을 받고 좋아서 "감사합니다!" 하고 인사하는 친구도 있었고, 건빵 봉지에 붙어 있는 전도 명함을 유심히 쳐다보며 읽는 학생도 있었다. 물론 받지 않고 무심하게 지나가는 학생도 있었지만, 그래도 대부분의 학생이 좋아했다.

'아, 이게 아침에도 되는구나!'

나는 속으로 할 수 있다는 자신감을 얻게 되었다. 그날부터 일주일에 네 번씩 학교 앞으로 나갔다. 그리고 어떤 날은 초코파이도 주어 보았다. 초코파이도 반응이 나쁘지는 않았지만, 의외로 건빵이 더 인기가 있었다. 그래서 건빵으로 통일하여 계속 전도하게 되었다. 하지만 아직까지 전도로 연결되어서 교회에 온 학생은 없었다. 그런데도 주님은 이 일을 너무 기뻐하셨다.

이르시되 너희는 온 천하에 다니며 만민에게 복음을 전파하라 믿고 세

례를 받는 사람은 구원을 얻을 것이요 믿지 않는 사람은 정죄를 받으리

라_막 16:15-16

│ 전 도 그 리 고 순 종 의 열 매 │

누가 알아주든 알아주지 않든 꾸준히 등굣길 건빵전도를 하게 되면서 나와 교회에 좋은 일이 생기기 시작했다. 당시 건강이 완전히 회복된 것이 아니어서 과연 일주일이나 채워서 할 수 있을지 걱정했는데 벌써 1년이 되었다. 그리고 나는 전도를 하게 되면서 나에게 있던 원인 모를 무기력증이 만성 염증과 관련이 있다는 것을 알게 되었다. 그 후로 나름의 방법으로 염증 관리를 하면서 몸도 훨씬 건강해지게 되었다.

그리고 하나님이 동역자들을 보내 주기 시작하셨다. 혼자 하던 전도를 이제는 네 명이 팀을 이루어서 하게 되었고, 가끔 등굣길 전도를 체험해 보고자 멀리 지방에서 이곳까지 다녀간 청년도 있었다. 한 달 정도의 방학 기간을 제외하고 건빵을 매주 나눠 주다 보니 이제 아는 학생도 많이 생겼다.

또한 감사한 것은 주님이 청소년 대신 청년들을 보내 주신 점이다. 전도하면서 늘 느끼는 것이지만, 내가 전도한 사람이 꼭 전도되어서 오지 않더라도, 하나님이 직접 사람을 교회로 보내 주신다는 사실이다. 아직 소수이긴 하지만, 교회 규모에 비해 우리 교회에는 청년이 많은 편이다.

그리고 무엇보다도 전도를 꾸준히 하게 되면서부터 내가 살아나고, 성도가 살아나고, 교회가 살아나는 경험을 하고 있다. 이제 등곳길 건빵전도는 나와 우리 한빛교회의 유명한 마크가 되었다. 그래서 이 등곳길 건빵전도의 이야기를 다룬 나의 두 번째 책도 출간될 예정이다.

주님은 나에게 다음 세대에 대한 비전을 주셨다. 하지만 나에게 무리한 것을 요구하지는 않으셨다. 그저 내가 있는 자리에서 할 수 있는 것을 하라는 마음을 주셨고, 순종했더니 감당할 수 있는 물질도 주시고, 좋은 열매가 맺히는 기쁨을 계속 주고 계신다.

너희가 즐겨 순종하면 땅의 아름다운 소산을 먹을 것이요_사 1:19

학교에는 교가가 있다. 그런데 교가가 있는 교회는 얼마나 있는지 모르겠다. 최근에 우리 교회에 교가가 생겼다.

한번은 브라이언 킴 사역자의 더워쉽플레이스 정기 예배에 강사로 초대받아 간증 설교를 하고 온 적이 있다. 예배를 마치고, 어떤 남자분이 와서 간증에 큰 은혜를 받았다고 했다. 이분은 우형동 작곡가였다. 같은 장소에서 찬양 사역자 코칭 수업이 있었는데, 그때 작곡가님이 강의한 후, 다음 시간에 있던 예배에도 참석했다가 나의 간증을 들은 것이다.

작곡가님은 최근에 나온 자신의 〈믿음으로 사는 삶〉이라는 곡을 한번 들어 봐 달라고 했다. 내가 설교한 내용과 그 곡의 가사가 너무 잘 어울린다고 했다. 나는 집에 돌아가 작곡가님이 말한 찬양을 찾아보았다. 작곡가님 말대로 내가 설교한 본문과 내용이 같았다. 그래서 찬양을 은혜롭게 듣고, 내 페이스북에도 그 사실을 소개했다. 그 일을 계기로 나와 작곡가님은 SNS에서 친구를 맺으며, 서로의 사역을 격려하게 되었다.

시간이 좀 지나서 더워쉽플레이스 정기 예배 시즌3의 마지막 특별 예배가 있었다. 그날도 내가 초대받아서 가게 되었다. 마침 작곡가 님도 그 자리에 오셔서 두 번째 만남을 갖게 되었다. 나는 반가운 마음에 연락처를 알려 주고자 내 명함을 드렸다. 그리고 헤어졌다.

2주 정도 지나서 작곡가님에게 문자가 왔다. 나의 목회에 응원이 될 만한 선물을 하나 주고 싶다고 했다. 그러면서 내 간증과 현재하고 있는 목회의 사명을 담은 '한빛'이라는 곡을 만들어 보내 주셨다. 한 빛은 한 치 앞이 보이지 않는 어두운 삶 가운데 용기 내어 한 걸음 내딛을 수 있도록 빛을 비추시며 인도하시는 하나님을 노래했다. 그래서인지 찬양을 부르면 부를수록 감동이 되고 은혜가 되었다.

나는 태어나서 처음 받은 노래 선물에 감동이 밀려왔다. 그것도 교회 이름에 내 인생을 담은 곡이라고 하니 무척 감사했다. 작곡가님 은 재능 기부로 악보까지 제작하여, 아무 조건 없이 사용할 수 있도 록 해 주셨다. 작곡가님의 큰 배려에 놀랐고, 귀한 선물을 주신 주님 께 감사했다.

새 노래로 그를 노래하며 즐거운 소리로 아름답게 연주할지어다_시 33:3

작곡가님에게 악보는 받았지만, 노래가 문제였다. 우리 교회에는 제대로 구성된 악기 팀이 없었다. 그래서 이 곡을 어떻게 해야 할지 고민이 되었다. 마침 우리 교회 협동 목사님의 아내이신 임지연 사모님이 보컬 출신의 찬양 사역자이기도 해서 노래라도 불러 달라고 부탁드렸다. 그런데 얼마 지나지 않아서 사모님이 피아노 MR을 하나 보내오셨다. 과거에 함께 찬양 사역을 했던 친구에게 부탁해서 받은 것이라고 하셨다. 그리고 음원 제작을 많이 해 보신 지인 목사님께도 부탁하여 피아노 외에 다른 악기까지 추가하여 온전한 MR이 나올 수 있도록 해 주셨다.

노래 한 곡이 음원으로 나오기 위해서는 수고도 많이 해야 하지만 비용도 꽤 많이 든다. 그런데 주님은 사모님처럼 자원해 주시는 귀한 분들을 만나게 하셔서 큰 비용을 들이지 않고도 아름다운 〈한빛 MR〉이 나올 수 있도록 인도해 주셨다.

특별히, 아들 영웅이가 자신의 전공이기도 한 베이스 기타를 연주하며 녹음을 하던 날, 나는 절로 감동의 눈물이 흘렀다. 서울 낯선 동네에 이사 와서, 아들은 친구 한 명 없이 지내며 힘들어했던 시간이 있었다. 나는 '괜히 교회를 개척해서 아이들도 힘들게 하나' 하는 생각에 괴로웠다. 그런데 지금은 힘든 시간을 이겨 내고 의연하게 목회를 돕고 있는 아들이 그저 대견하고 고마웠다.

그리고 〈한빛〉 노래 녹음에 참여해 주신 한 사람 한 사람이 나에게는 주님이 보내신 천사요, 선물처럼 느껴졌다. 이분들을 통해 딸 바보 하늘 아빠께 깜짝 선물을 받는 것 같았다. 이 노래를 듣노라면 지난 날의 힘들었던 시간이 주마등처럼 스쳐 가면서 이내 눈시울이 붉어진다. 그러면서 주님이 이렇게 말씀하시는 것 같다.

"딸아, 그동안 힘들었지? 지금까지 버텨 줘서 고마워! 이 노래를 부를 때마다 내가 함께하고 있다는 걸 꼭 기억하렴!"

그래서 책을 집필하는 중에, 그리고 〈한빛〉을 부르다가도 감사와 감동의 눈물을 흘리곤 한다. 책을 쓰는 지금 아직 노래 녹음이 완성되지 않았지만, 책이 출간할 때쯤에는 전 교인이 함께 부른 〈한빛〉 곡이 완성되어 있을 것이다. 노래 가사처럼 오늘도 나와 함께하신 하나님이 영원히 지지 않는 빛으로 주님의 나라까지 인도해 주시리라 믿는다.

우리로 하여금 빛 가운데서 성도의 기업의 부분을 얻기에 합당하게 하신 아버지께 감사하게 하시기를 원하노라 그가 우리를 흑암의 권세에서 건져내사 그의 사랑의 아들의 나라로 옮기셨으니_골 1:12-13

에필로그

우리는 현실을 바라볼 때가 많다. 당장 내 뜻대로 되지 않으면 불안해진다. 나 역시도 이것에서 완전히 자유롭지는 않다. 목회를 해 보니 더 그렇다. 성도가 있든 없든 담임 목회자인 내가 감당해야 할 몫이 무겁기 때문이다. 힘들다고 누군가에게 맡길 수도 없다. 그래서 종종 부모님 생각이 나곤 한다. 아버지가 위로해 주실 때도 있지만, 딸로서 어머니의 위로를 받고 싶을 때도 있다. 하지만 어머니는 더 이상 이 세상에 계시지 않는다. 큰 애가 두 살이었을 때, 가족이 하던 사업이 망하자 집을 나가셨고, 그 후로 지금으로부터 9년 전 신부전을 앓다가 쓸쓸하게 돌아가셨다. 그래서 어머니를 생각하면 늘 마음이 아프다.

나는 어머니의 빈자리 대신 주님께 불안한 마음을 털어놓으며 기도

했다. 그랬더니 어머니보다 더 좋으신 주님이 이렇게 말씀하셨다.

"딸아, 버텨 줘서 고마워. 앞으로는 내가 더욱 너와 함께해서 네가 생각
하지 못할 방법으로 한빛교회를 이끌어 갈 거야."

감사하게도 그렇게 되어 가고 있음을 보고 있다. 주님의 뜻과 계획
은 늘 내 생각을 뛰어넘었다. 교회를 살리고자 시작한 페이스북과
유튜브 채널을 통해서 주님은 일하셨다. 지금은 네이버 블로그와
인스타그램을 통해서도 일하고 계신다. 그런데 이제는 내 평생 꿈
같은 일로만 여기던 책을 쓰게 되었으니, 부족하지만 책을 통해서
도 주님이 일하실 것이다. 독자를 향한 주님의 뜻과 계획도 다르지
않다고 생각한다. 다만, 사람의 생김새나 성격이 다르듯이 각자에
게 가장 선한 방식으로 주님의 뜻을 나타내 주실 것이다.

이런 내 마음이 독자들에게도 잘 전달되기를 바라며, 성령님의 도
우심을 구하면서 글을 썼다. 때론 일기장을 찾아가며 최대한 그날
의 감격을 떠올려 보려 노력했다. 부모님의 간증은 아버지에게 도
움을 받았다. 그럼에도 불구하고 간증이 나의 자랑이 되거나, 혹여
지금도 힘든 시간을 보내고 있는 누군가에게 또 다른 상처나 시험

이 되지 않기를 바란다.

마지막으로, 책이 나오기까지 도움을 주신 분들에게 감사의 마음을 전하고 싶다. 한 번도 책을 써 보지 않은 초보 작가에게 출간의 기회를 주신 세움북스 강인구 대표님에게 감사드린다. 원고 작성 중에 은혜로운 〈한빛〉 노래가 완성될 수 있도록 기꺼이 재능을 기부해 주신 노크교회 박찬열 목사님과 피아노를 연주해 주신 뉴클리어스의 〈그런 사랑〉 작곡가 조은혜 사모님에게도 감사드린다. 체력 저하로 노트북조차 들기 힘들어할 때, 도서관까지 매번 짐을 들어 주고, 식사까지 챙겨 준 이요한 전도사님의 섬김에 고마운 마음을 전하고 싶다. 그리고 늘 곁에서 믿어 주고 지지해 주는 남편, 주님이 주신 최고의 선물인 아들과 딸에게 고맙고 사랑한다고 말하고 싶다. 이 외에도 사랑하는 한빛교회 성도들과 기도해 주시며 관심 가져 주신 모든 분에게 감사드린다. 부족한 여종을 사랑하시며 함께 원고를 작성해 주신 성 삼위 하나님께 감사의 마음을 담아 이 책을 바친다.

여호와의 말씀이니라 너희를 향한 나의 생각을 내가 아나니 평안이요 재앙이 아니니라 너희에게 미래와 희망을 주는 것이니라 _렘 29:11

Appendix
부록

한빛

작사.곡 우형동
노래 한빛교회 (한미연목사)

은 소망의 - 그 한 빛 따라 오늘 도 진리 - 의 복 음 전 - 하 는

- 그 곳 으로 - 날 인 도 하 네 -

D.S. al Coda

라 한 빛 - 그 빛은 소망의 - 빛 - 한 빛 - 그

빛은 생명의 - 빛 오늘 도 나 와 함 - 께 하 - 시 고 -   영원히

지 지 - 않 - 는 그 빛 - 따 라 - 이 걸 음 걸 어 내 리

라   영원히 지 지 - 않 는 그 빛 - 따 라 - 이

걸 음 걸 어 내 리 라   이 걸 음 걸 어 내 리

라   이 걸 음 걸 어 내 리 라